U0336908

21世纪的货币与资本

通胀归来

THE RETURN OF INFLATION

Money and Capital in the 21st Century

[美] 保罗·马蒂克 著　李井奎 译
Paul Mattick

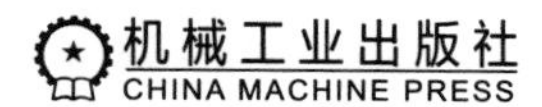

这是一本为陷入货币之网的我们揭开货币与资本神秘面纱的经济通俗读物。从金银到纸币，从货币时代到信贷时代，从大通胀到魔法货币，货币与资本如何影响经济运行的周期，它们在经济萧条与繁荣之间到底扮演了怎样的角色？通货膨胀和通货紧缩究竟怎样影响了每个人的生活？为什么面对货币的谜题，无数经济学家对其如此着迷而又忧愁满腹？本书以新颖的方式讲述了与货币相关的故事，通过不同经济学派关于货币的认知探索了货币的本质。作者透过货币与资本的视角讲述了经济萧条与繁荣背后的故事，将西方当前卷土重来的通胀问题置于货币演变史的背景之下，探讨了21世纪的货币政策是否让西方陷入悬而未决的“认命时代”这一经济话题。

无论你是好奇经济世界的普通人，还是寻求答案的经济学爱好者，有关货币的故事你不得不读。

图书在版编目（CIP）数据

21 世纪的货币与资本 ：通胀归来 /（美）保罗·马蒂克（Paul Mattick）著 ；李井奎译．-- 北京 ：机械工业出版社，2024．8．-- ISBN 978-7-111-76061-0

Ⅰ．F0-49

中国国家版本馆 CIP 数据核字第 2024LQ8764 号

机械工业出版社（北京市百万庄大街 22 号　邮政编码 100037）
策划编辑：章集香　　　　责任编辑：章集香　刘新艳
责任校对：樊钟英　薄萌钰　　责任印制：李　昂
河北宝昌佳彩印刷有限公司印刷
2024 年 9 月第 1 版第 1 次印刷
147mm × 210mm · 8 印张 · 1 插页 · 104 千字
标准书号：ISBN 978-7-111-76061-0
定价：69.00 元

电话服务　　　　　　　网络服务
客服电话：010-88361066　机　工　官　网：www.cmpbook.com
　　　　　010-88379833　机　工　官　博：weibo.com/cmp1952
　　　　　010-68326294　金　书　网：www.golden-book.com
封底无防伪标均为盗版　机工教育服务网：www.cmpedu.com

THE TRANSLATOR'S WORDS

译者序

19 世纪英国著名政治家格莱斯顿有一句名言："受恋爱愚弄的人，甚至还没有因钻研货币本质而受愚弄的人多。"这句话曾为马克思所引用，流传很广。它一语道破了现代经济学的一个颇为尴尬的处境：人人都生活在一个无处不见货币的环境里，但在以研究现代经济运行为己任的经济学中，却几乎很难看到货币的身影。

事实上，从亚当·斯密这位经济学之父开始，货币就始终不在经济学家的理论中占据什么重要的位置。而在经济思想史中，关于斯密的论述有一个奇怪的现象。

斯密对资源配置问题、经济增长和发展问题的分析，借由劳动分工与市场扩展的基本框架，以“看不见的手”为隐喻，被各种版本的经济思想史著作或教材浓墨重彩地予以强调和展示。他在这些学说上的贡献也的确对后世经济学家影响深远，无论是赞成还是反对斯密的意见，大家都绕不开斯密。从这个意义上讲，我们称斯密为现代经济学的奠基人是绝不为过的。

但是，当谈及斯密对货币经济学的贡献，他的工作却几乎很少受到赞扬，或者几乎完全被忽略。尽管《国富论》一书中有大量篇幅用来讨论货币的问题，甚至比讨论劳动分工的篇幅还有过之无不及，但大多数经济思想史学者几乎对此视而不见，或者只是稍微提一提斯密在货币方面的理论，甚至把他视为真实票据理论这一错误学说的创始人，有时候还会批评他混淆了货币与资本。

实际上，斯密很可能是最早认识到货币以及与之相联系的金融体系对实体经济既可能会促进又可能会危害其发展的人。

于是，就有了斯密在《国富论》中除“看不见的手”之外另一个著名的隐喻，他把稳健的银行业（18

世纪的金融业基本上就是银行业）比喻成“某种悬在空中的马车道”：

“在任何国家里流通的金币和银币，很适合拿来和公路相提并论。公路固然能将全国的牧草和粮食流通输送到市场，但是，它本身却不生产任何牧草和粮食。稳健运作的银行业务，如果允许我做这样夸张的比喻，就好像是某种悬在空中的马车道。好比可以让国家把原来的公路变成肥沃的牧草地和麦田，从而大幅增加全国土地面积和每年的劳动产出。然而，必须注意的是，全国的工商活动规模虽然因此会稍微扩大，但是，当工商活动好比是悬挂在纸钞制成的‘泰达路斯飞翼’（Daedalian wings）[一]上运行时，它不可能像在金银砌成的实地上运行时那样可靠。除了纸钞的发行者技巧不够熟练可能带来的意外伤害，还有好几种其他的意外风险会对它造成直接冲击。不管纸钞的发行者是多么审慎或多么有技巧，都无法提供周全的保护。”[二]

[一] 泰达路斯是古希腊神话中一位技艺精湛的建筑师和工匠，他用蜡把羽毛粘在一起做成翅膀。他的儿子戴着这对翅膀飞得离太阳太近，因蜡融化而掉入大海。——译者注

[二] 请参阅：亚当·斯密：《国富论》，谢宗林、李华夏译，中央编译出版社，2010，第251、252页。

这并不是斯密用来描述货币和银行业的唯一隐喻，他还把货币比作一个巨大的为商业提供动力的（水）轮。但悬在空中的马车道这个比喻更加不同寻常，它既抓住了银行业的优点，也体现了其危险之处。

斯密在《国富论》的早期草稿中，只使用了“悬在空中的马车道”这一隐喻，并没有提到泰达路斯飞翼，这或许很能说明他当时的态度。在那个时候，斯密只强调了纸币的好处，而没有强调其危险。使用泰达路斯飞翼的隐喻，则说明斯密主张不能把这些空中的马车道悬得太高，以免太阳把支撑它们的蜡做的翅膀烤化。㊀

那么，从《国富论》的早期草稿和《法理学讲义》，再到最终版本的《国富论》，这之间到底发生了什么，使得斯密改变了自己的思想，主张对银行业加以限制，甚至违背了自己的自然自由体系学说呢？也许，这一变化的原因正是苏格兰银行体系在《国富论》撰写期间受

㊀ 根据T.B.古德斯皮德的考证，斯密关于泰达路斯飞翼的灵感应该来自著名作家乔纳森·斯威夫特，他在1721年明确地用泰达路斯神话来描述臭名昭著的南海公司泡沫。参见：T.B. Goodspeed，*Legislating Instability* (Cambridge: Harvard University Press, 2016)，第135页。

到冲击，尤其是1772年的苏格兰银行业危机。

斯密当然也认识到，他所提倡的对银行业的限制与他的自然自由体系学说不一致，这也让他有所不安。他承认："禁止个人在自己愿意接受的情况下，接受银行家开出的无论金额大小的本票；或者，当一个银行家的所有邻居都愿意接受这种纸币时，限制他发行这种纸币，这显然是对自然自由的侵犯，而法律的正当职责不是侵犯，而是支持。"然而，他总结说，在"少数人行使自然自由，可能危及整个社会的安全，受到而且应该受到所有政府法律的限制"的情况下，这种侵犯是正当的。因此，他把"对银行业的监管"比作"为防止战火的蔓延而筑起界墙的义务"。[一]

斯密的这一态度与现代宏观经济学之父约翰·梅纳德·凯恩斯的思想颇有相通之处。

与斯密一样，凯恩斯也不否认金融对经济稳定的影响，认为如果处理不当，可能会危及经济发展。

[一] Adam Smith, *An Inquiry into the Nature and Causes of the Wealth of Nations*, vol. 1 (1776; reprint, New York: P. F. Collier & Son, 1902)，第450页。

凯恩斯在其1936年出版的《就业、利息和货币通论》（*The General Theory of Employment, Interest and Money*，以下简称《通论》）一书的第12章中，描述了推动宏观经济的两个群体：投机者和企业家。[㊀]每个群体都有独特的个性，受情绪的影响也不同。金融投机者追逐金融回报——他们希望通过买卖金融资产实现利润最大化。

很多人认为，凯恩斯是主张国家干预的经济学家代表，信奉经济自由主义的学者对他多有挞伐。他们常常错误地引用凯恩斯在《通论》中的这段话：

“如果财政部把钞票塞进旧瓶子，然后把它们埋入废弃的矿井，再用城市垃圾把矿井填平，并且听任私人企业根据自由放任的原则，重新把钞票挖出来（当然，要通过投标来取得在填平的钞票区开采的权利），那么失业问题就不再存在，而且在由此带来的影响之下，社会的实际收入和资本财富很可能比现在多出很多。的确，建造房屋以及类似的东西会是更有意

㊀ 请参阅：约翰·梅纳德·凯恩斯：《就业、利息和货币通论》，李井奎译，复旦大学出版社，即将出版。

义的做法。但这样做如果会遇到政治上和实际上的困难的话，那么上面讲的挖窟窿的办法总比什么都不做要好。”[一]

由此，他们批评凯恩斯，把他作为政府干预派的鼻祖，不断谴责他。实际上，这都是因为对凯恩斯的误解所致。[二]凯恩斯所着眼的是资本主义制度，他认为，资本主义制度的财富生产功能是解救人类文明于危殆的关键因素，倘若政府放任危机不管，那么资本主义制度将会失去人们的支持，从而使人类社会付出更大的代价。在这一点上凯恩斯与斯密可谓“萧条异代不同时”。斯密关心的是财富生产的自然自由体系，认为由它保障的

[一] 请参阅：约翰·梅纳德·凯恩斯：《就业、利息和货币通论》，李井奎译，复旦大学出版社，即将出版，第10章。

[二] 凯恩斯曾在1940年出版的《如何筹措战费》一书中对此进行自我辩护：“曾有人这般诬我，指责我企图在一个自由主义社会中实行极权主义的方法。如此批评，真可谓牛头不对马嘴！在极权主义国家，是不会存在对这类牺牲进行分配的问题的。这是它在战争初期能居于有利地位的原因之一。只有在自由社会当中，政府之政务，才会因为要顾全社会正义的要求，而变得错综复杂起来。在奴隶制国家，生产即其唯一的问题。老、幼、贫者，能否自存，悉由天命而定；再也没有其他的社会制度像奴隶制这样，更适宜于为统治阶级提供特权保护的了。”请参阅：约翰·梅纳德·凯恩斯：《通往繁荣之路》，李井奎译，中国人民大学出版社，2016，“如何筹措战费”。

“商业社会”是人类社会四个阶段中的最后一个阶段，而商业社会与文明社会在斯密那里是可以互换使用的。[一] 在斯密的时代，尚且没有资本主义制度这样的说法，而斯密之所以得到后人的极大重视，正在于他的《国富论》一书为资本主义的发展提供了一幅指导性的蓝图。从这个意义上，凯恩斯与斯密的出发点确实并没有什么不同。[二]

由此可以看出，无论是经济学之父斯密，还是现代

[一] 1748～1751年，亚当·斯密在爱丁堡大学讲课时，将人类历史划分成四个时代——渔猎时代、游牧时代、农耕时代和商业时代。这一历史分期在1776年出版的《国富论》中得到重申。请参阅：Adam Smith, The Glasgow Edition of the Works and Correspondence of Adam Smith, Vol.5, *Lectures on Jurisprudence*, Oxford University Press, 1976, pp.459-460。有关苏格兰启蒙运动中商业社会问题的研究，可以参看：张正萍的《商业社会的诊治》，浙江大学出版社，2024。

[二] 很少有人知道，凯恩斯生前发表的最后一篇文章这样写道：“不要误解我。我不认为古典经济学的药方可以自行发挥作用……布雷顿森林体系和华盛顿提案的最大优点是，它们可以把必要的权宜和长远的原则结合起来。正是出于这个原因，我再次重复我之前的话，这是利用我们从现代经验和现代分析中学到的东西的一次尝试，它不是为了打败，而是为了实现亚当·斯密的智慧。”凯恩斯说这番话时，正是他在第二次世界大战后奔走于英美之间，为英国乃至欧洲和世界的复兴殚精竭虑之际，凯恩斯先生在英国众议院讲完这番话后不到半年就与世长辞了。请参阅：Keynes, J. M. “The Balance of Payments of the United States,” *The Economic Journal* 56, no. 222 (June 1946): 186.

宏观经济学之父凯恩斯，他们都对货币以及金融业在现代经济体系中扮演的重要角色，从人性观和经济发展观的角度做了深入的研究。

从这个意义上讲，货币与宏观经济和人们的时代情绪、社会的经济结构，都有着深刻的关联。基于此，现代经济学家又怎能不被货币所迷住，甘愿被它“愚弄”呢？

保罗·马蒂克就是这样一位被货币迷住的经济学家。值得一提的是，他从来不是一位学院派经济学家，因此，他可以跳出现代宏观经济学中货币理论的模型框架，从更为宽广的视角来审视21世纪的货币和资本问题。马蒂克深厚的历史学养、不拘泥于一门一派的写作态度，为我们提供了难得的视角，为我们认识当今时代的货币和资本现象，提供了难能可贵的理解途径。

作为一名凯恩斯经济学的研究者，我翻译完成了11卷本的“约翰·梅纳德·凯恩斯文集”，这套丛书花费了我整整10年的时间，目前已经全部交稿，可望在今明两年出齐。也许正是由于这套丛书逐渐取得的影响，机械工业出版社的章集香编辑在寻找本书的译者时找到了我。对本书的翻译并不是那么容易，因为作者涉猎极广，书中内容不仅涉及历史上重要经济学家的著作，还涉及许多历史学家乃至社会学家的著作，这就使得对本书的翻译颇花费时日。尤其是本书所引用的马克思的著作，为求严谨，翻译中我们查对了中央编译局翻译的经典的马恩著作集，并全部援引了这些经典译本的译文。这些工作主要是由我的博士生侯鹏珅完成的，在这里向她表示感谢。

在本书翻译完成后，吉林大学李晓教授与我就此书做过深入的交流；2024 年 4 月，我在上海拜会韦森教授时，也就此书的相关内容向他请教；浙江大学的罗卫东教授也对此书给予了高度评价，在此一并向他们致以深切的谢意。编辑章集香女士对本书极为重视，经常与我沟通，她的团队在编辑和校对书稿内容上都展现了很高的专业功底，值得特别感谢！当然，由于本书涉及的知识领域非常广，译文难免有讹误之处，还请读者诸君不吝指正！

李井奎

2024 年 5 月 17 日写于浙江工商大学，钱塘之滨

CONTENTS

目录

第二章

第三章

INTRODUCTION

导言

写给身陷货币之网的我们

2022年11月初，《华盛顿邮报》的一位经济记者在他的文章开头这样写道："如果你觉得经济形势不明朗，那么请放心——负责稳定经济的人也和你一样看不清经济形势。"

> 美联储本周再次加息，关于如何在不引发经济衰退的情况下应对通货膨胀，它仍然茫然无措。避免经济衰退的概率有多大？"很难说！"美联储主席杰罗姆·鲍威尔坦承道。利率会涨到多高？"非常不确定。"在周三长达一小时的新闻发布会上，鲍威尔一共说了4次"不知道"。[1]

尽管坦率地承认无知是最近才有的事，但经济学家在理论和预测方面的失败记录可谓由来已久。[2]让我们来举一个著名的例子。2008年11月5日，在1929年以来最惊人的经济大萧条期间，英国女王伊丽莎白二世在伦敦政治经济学院一栋新大楼的落成典礼上，借机向聚集在此的一群杰出的经济学家提问道："为什么没有人预见到金融危机的到来？"[3]在一份公开的回复中，一群经济学家承认："未能预见到这场危机的发生时间、发展程度及其严重程度，也没有能够阻止它，虽说有很多原因，但主要还是由于美国以及国际上许多聪明之士集体缺乏想象力，这些聪明之士没能理解整个体系的风险。"[4]很显然，仅仅承认缺乏想象力，似乎并不足以解释本应是一门科学的经济学在预测方面的失败。

确实，整个金融行业都对即将到来的崩溃视而不见，人们忽视的不仅是金融危机爆发的时机和严重程度，还有经济本身系统性不稳定的事实。气象科学也要分析与经济学相当复杂（或者更复杂）的现象，但它已经相当准确地预测了即将到来的灾难的形态（尽管可能没有预测到灾难到来的速度），而经济学的预测却与气象科学的预测形成了鲜明的对比。

除了在预测上一败涂地，经济学作为一门科学的尊严也受到了进一步的打击。但经济学家似乎已经习惯了这一点。许多人曾预计，为应对2008年危机而导致的预算赤字和国家债务的大幅增加，将引发破坏性的大通胀、利率的飙升以及对美元信心的丧失。在这些弊病还没有出现时，经济学家对预算赤字和通货膨胀之间的关系采取了一种新的乐观态度。奥利维尔·布兰查德（Olivier Blanchard）就是这样认为的，布兰查德曾在国际货币基金组织任职，现在是以促进自由贸易为宗旨的彼得森国际经济研究所（Peterson Institute for International Economics）的高级研究员，这位著名的经济学家曾说道："我认为，在现阶段，没什么人会去担心债务问题。很明显，在很多国家，债务与GDP的比值远超过了100%，而这也并不是什么世界末日。"[5]

哈佛大学研究政府债务和经济增长的专家肯尼斯·罗格夫（Kenneth Rogoff）的研究成果经常被奥巴

马总统引用来支持削减赤字，但他也说过：“只要能做得到，那么任何明智政策的代价，都会是让我们在很长一段时间内不断地增加赤字。如果我们再增加 10 万亿美元的赤字，我连眼睛都不会眨一下。”[6] 这种认知上的失调，或许可以在联邦预算委员会主席玛雅·麦克金尼斯（Maya MacGuineas）的言论中得到最清晰的体现，她敦促她的美国专家同行说：“我们确实应该认真考虑赤字，对它有所担心，我们要做的应该是继续扩大赤字。”[7]

但这种无所拘束的态度并没有持续太久。过去十年来，经济学家一直在想为什么通货膨胀率如此之低，而到了 2021 年，他们又在想为什么通货膨胀率突然变得如此之高。用《洛杉矶时报》一位经济专栏作家的话来说，这一年的春天，“经济学家在预测通货膨胀率时变得谦逊多了”，因为物价上涨“远远超出了华尔街和政策制定者的预期”。[8] 关于通货膨胀率突然升高这一现象的成因，人们有着广泛的分歧。它是否如一部分经济学家所坚持的那样，是自大衰退以来政府向经济体系大量注入资金的延迟性后果呢？或者，用当下普遍的看法来讲，这场“暂时性的”通货膨胀，是不是由于2020～2021年新冠疫情对经济事务的破坏，它使需求从服务向商品转变，并给全球供应链带来了过度的压力所造成的呢？

美联储主席杰罗姆·鲍威尔最初坚持认为，这个问题是暂时性的，但几个月后，他转变了观点，认为必须将其视为一个更具有结构性的问题。面对通货膨胀率的飙升，尽管关于其成因尚且没有定论，但决策者还是拿出了一些过时的诊断意见和政策方案。对于近期的低通货膨胀率和随后一段时间的通货膨胀率飙升，尽管缺乏普遍认同的系统性解释，但这并没有阻止经济学家和政府官员将物价上涨归咎于需求过剩，他们给出的解决之道，当然就是关闭部分货币供应阀门并提高利率了。

当职业经济学家公开承认他们对当前通货膨胀的变化动力一无所知时，非专业人士也就可以在这个问题上跃跃欲试，发表些意见了。有的外行人甚至还可能拥有不受专业教条约束的想象力。事实上，在理解经济发展这一问题上，我被经济理论和在非专业人士看来关于现代社会本质的明显事实之间的极端脱节给震惊了。

例如，在美国这样一个有 1/4 的人口生活在贫困之中的社会，“过度需求”这个概念的含义至少是令人感到困惑的。然而，竟然会有不少人认为，在经历了几十年的下降和停滞之后，以远低于消费品价格上涨速度在爬升的工资，可能会推动通货膨胀，这种观点显然荒谬绝伦。

在解释政策选择的努力中所呈现出来的扭曲和自相矛盾中，我们也可以看出这是多么的荒谬。例如，鲍威尔主席在 2022 年初断言，通货膨胀“对实现最大化就业所造成的严重威胁”，必须通过提高利率从而引发更高的失业率来控制。[9]

我们将会看到，在关于通货膨胀和通货紧缩的专业经济学著作那密密匝匝的书丛中，之所以那么难以寻找到最佳解决之路，与其说是因为这个主题本身的复杂性，还不如说是由于主流经济理论对货币的极其特殊的处理方式。这是试图分析现代社会的经济学诸多的古怪之处之一。另一个古怪之处是，经济学中有多种多样相互冲突的理论观点。以货币理论为例，最引人注目的是凯恩斯主义和货币主义之间的分歧——这可是成熟科学学科不会有的特征。还有一个古怪之处，那就是经济学可以完全无视对主流经济学思维方式的理论和经验挑战，特别是无视经济学在解释和预测方面的失败。

举个小小的例子，2021 年，美联储经济学家杰里米 · B. 拉德（Jeremy B. Rudd）有一篇论文《为什么我们认为通货膨胀预期对通货膨胀很重要？（我们应该这样认为吗？）》，这篇论文曾激起一阵小小的浪花。在研究了经验和理论文献后，拉德对经济学家和政策制定者的信念提出了令人信服的质疑，这种信念认为，人们对未来通货膨胀的预期是实际通货膨胀的关键决定因素。他观察到，“主流经济学充满了‘人人都知道’

是正确的观点，但那实际上是彻头彻尾的胡说八道”，他认为通货膨胀预期——官方思维中的核心思想，就是这样一个角色。[10] 人们对这篇论文的态度也证明了他的观点：尽管许多人宣称这篇论文具有创新上的重要性，但关于通货膨胀的专业讨论仍然在拉德所揭穿的预期分析的基础上进行着。

因此，本书首先不是写给职业经济学家的，而是写给更广大的大众群体的，他们身陷货币之网，在日常生活中受到经济体系运作的影响，可能更想要理解货币与经济到底是怎么回事。

在1996年为美国国民经济研究局所写的一篇论文中，经济学家罗伯特·席勒（Robert Schiller）（诺贝尔经济学奖得主）问道："为什么人们不喜欢通货膨胀？"在对他的调查做出回应的人中，"差别最显著的……是经济学家和非经济学家，"非经济学家"对通货膨胀最大的担忧，似乎是它降低了人们的生活水平"。席勒推测，大多数人"似乎没有想到过经济学家自然而然就会想到的影响普通人的工资和薪水的竞争压力模型；

他们倾向于认为，工资和薪水都是雇主善意（或缺乏善意）的结果。”[11] 作为一名经济学家，席勒理所当然地认为，理论模型提供了一条比非专业人士的日常经验更清晰的理解问题的途径。然而正如我们所看到的，这种看法相当可疑。

为了理解通货膨胀和政府为控制通货膨胀所做的努力，我们必须构建一种对经济的理解，这种理解在关注经济学家的理论的同时，能对生活中诸多令人困惑的事实做出合理的解释。

CHAPTER 1
第一章

货币、商品和价格

“美国不仅是在通货膨胀而且还是在恶性通货膨胀的浪潮中形成的。”

——《金钱》，新制度学派代表人物 J. K. 加尔布雷思

THE RETURN OF INFLATION

货币所渗透的世界经济

对于那些想要出售物品的人和那些想要购买物品以满足其某种需要或欲望的人来说，这些物品的成本自然是备受关注的。当然，在人类历史的大部分时间里，大多数人并不是通过这种方式来获得他们要消费的物品的，相反，他们通过打猎、采集或耕种来取得要消费的物品。他们都是自己制作工具、缝制衣服、做饭。如果他们在社会等级中处于高位，其他人会为他们做这些事情。这些身处高位的人，通过权力或武力来获得一部分社会产品。如果他们生活在一个平等的群体中，他们会分享这些社会产品。

然而，在近代早期，至少在欧洲，随着越来越多的商品通过市场从生产者流向消费者，价格波动变得越发普遍，在社会层面也越发具有重要性。当小麦价格高企时，对许多人来说，饥饿问题就会赫然出现在面前；当小麦价格下降时，消费就会增加，人口也随之增加。

费尔南·布罗代尔（Fernand Braudel）在他关于资本主义起源的著作中指出，从15世纪、16世纪和17世纪的数据中已经可以看出，价格水平的变化证明了当时“欧洲市场网络”的存在，“这些价格水平的变化横跨同一个广阔的地区，几乎是同时发生的，因此这种市场网络的存在就更为明显”。事实上，他强调，“这些一齐起落的价格为我们提供了最有说服力的关于‘货币、商品和价格’的证据，证明了在那几个世纪里，世界经济已经被货币交换所渗透，并在资本主义的引导之手下不断发展。”[1]布罗代尔所说的这个“世界经济”，是指“地球上经济自主的部分，它能够满足自己的大部分需求，它的内部联系和交流具有某种有机的统一性”。[2]他指出，非洲、亚洲和欧洲的早期现代世界经济，给世界其他地区投下了“巨大的阴影”。[3] 21世纪的前25年，欧洲人早已和其他地区的人一样，笼罩在同样的阴影下；作为一个整体，地球正朝着经济一体化的方向发展，比如，美国或中国的价格变动对这两个地区以及整个世界几乎所有的地方都会产生影响。

“市场网络”是由货币从一个地方到另一个地方的流动编织而成的。货币的流动方向与商品的流动方向相反，但货币也会自行流动，寻找投资机会。货币的价值——它能买到的东西，不但对买卖商品的人很重要，而且对投资者也很重要，因为投资者想要赚钱，他们投入的钱至少要保持其原来的价值。因此，对于那些试图理解资本主义这一新社会体系的经济学创始人来说，这是一个值得关注的问题。

∵ 货币的价值 ∵

17世纪的经济学家，那些所谓的重商主义者将财富等同于货币，并将政府政策要最大化国家货币收入的重要性予以理论化。到18世纪后期，商品的“价值”（这个时候被确定为真正的“国家财富”）与商品的货币价格之间已经有所不同。

亚当·斯密在1776年写道，一件商品的价值是由生产商品所需的努力决定的；商品交换的相对数量大体由商品的相对劳动决定；价格是由货币（在当时的欧洲通常是一种贵金属）的数量来衡量的，货币的价值等于与之交换的商品的价值。由此得出的结论是，虽然价格代表价值，但价格是可以改变的（就像不同大小的图片代表相同的物体），而价值却保持不变。随着开采和提炼金银的劳动生产率的上升或下降商品价值与货币价值也会相对发生变化。商品价值的变化和货币价值的变化，都会引起价格的变化。

在当代经济学中，斯密与同时代其他作家共同秉持的劳动价值论早已被现代经济学家所抛弃。但他们仍然认为，市场经济是一个高度复杂的物物交换的系统，在这个系统中，商品的所有者相互交换的是商品，而不是货币。这就是所谓的“实际经济”，之所以这样称呼，是因为今天的经济学家仍然接受斯密的假设，即商品消费是“所有生产唯一的目的和用途”。

对于 18 世纪以来的经济理论来说，在一个由自由个体（不受制于某一统治权威，例如奴隶主）组成的社会中，自身利益促使个体通过相互交换自己制造的不同种类的物品来满足彼此的各种需求。企业家竭尽所能，有效地组织生产过程，以换取市场交换收益的一部分；正是企业家想要获得利润的愿望，在他们相互争夺买家的过程中，推动了生产率的提高和社会财富的扩大。在这幅经济图景中，货币扮演着使复杂的交易网络更为便利的技术手段这一角色。

从这一理论观点来看，实物交换经济中的价值，可以被表述为两种可交换商品之间的关系，每一种商品都衡量着另一种商品的价值。根据所采用的价值理论（经济学家对此有不同看法），这种关系可以用“效用”（即心理满意度）来解释，每种商品对每个交换者都有一个效用表示，或者说，用每个人对每种商品的偏好来衡量效用。当每种商品的供给和需求匹配时，商品的相对价值就确定了。价格只是“实际”价值的货币名称，是用商品可以交换的某种标准货币单位的数量。随着时间的推移、人们口味的改变、生产方法的改变，以及随机事件（譬如战争或天气）对经济产生影响，价格和数量将会（在理论上）进行调整，直到供需再次平衡。

新古典经济学的实践者认为，货币的价值是由它能购买的商品数量来衡量的。自19世纪后期以来，新古典经济学一直是主流学说的核心，它认为货币的价值是由货币自身的供需条件决定的。根据这一观点，如果相对于固定数量的其他商品，出现了大量的货币，那么，货币的价值将会下降，反之，货币的价值则会上升。货币价值的这些变化表现为调节市场经济的价格的变化。一般来说，它们上升则为通货膨胀，下降则为通货紧缩。由于价格变化可以影响经济决策，因此，决定货币供给和需求的力量可以作用于实物交换经济，在短期内扭曲经济的自我调节，尽管经过足够长的时间之后，经济均衡还将重新建立起来。

约翰·梅纳德·凯恩斯虽然在新古典经济学的框

架内工作，但他认为严格来说，尤其是为投资目的而借贷的利率，以及人们因对未来的不确定性而不愿消费，这两点可以改变价格决定的均衡条件，使“短期”长得令人不安。（不管怎样，他说：“从长期来看，我们都会死去。”）他和他的追随者认为，这使得政府有必要而且有可能以最大化社会福利的方式干预经济，而不必过分担心通货膨胀的影响。

撇开理论不谈，商品价值和价格之间的关系也出现在货币本身上。人们早就注意到，自己手中的金属铸币会由于金属含量的减少而发生贬值，但即便如此，金属铸币也仍然可以作为商品买卖的支付手段。统治者把更便宜的金属掺入银币里，降低银的比重；一旦铸币经过了商人和统治者的手，他们就把它“剪”下来一部分，将剪下来的铸币材料不断积累起来，变成新的铸币。

∵ 劣币驱逐良币 ∵

事实上，仅仅是使用铸币，就会磨损它们的材质，降低它们的商品价值，但它们的官方面值仍然保持不变。作为价值表征的货币代表的价值与作为一块贵重金属的实际价值之间的差异，后来从一种被称作格雷欣定律（Gresham's Law）的现象中得到了证实，这个定律即所谓的"劣币驱逐良币"：完整价值的铸币将从流通中消失，作为物质财富被囤积起来，而它们在商业中的地位则会被相对象征性的货币所取代。

英国女王伊丽莎白一世的金融顾问托马斯·格雷欣建议她，由于亨利八世对货币进行了"大贬值"，在不提高税收的情况下增加了国库持有的（名义）货币，用贱金属取代了货币中 40% 的银，所以，"你所有的优质贵金属都被运出了你的王国"，留下贬值的银币来完成货币的工作。货币的商品价值的下降，引起了英格兰国内价格的巨大通货膨胀，因为一定面值的铸币需要更多的铸币才能构成一定的价值；此外，这还造成了安特卫普布料市场上英镑汇率的恶化，这对作为主要的羊毛出口国的英国而言至关重要。

伊丽莎白采纳了格雷欣的建议。她将一英镑的价值定为四盎司白银，所有流通的铸币都被收回，重新加以铸造。尽管币值不稳定时有发生，但“英镑的价值在1560～1561年被伊丽莎白一世稳定了下来……英镑的内在价值一直维持到1920年或1931年。”[4]有趣的是，虽然16世纪末英镑的升值增加了英国出口商的收入，但对英国国内价格水平的影响却微乎其微。在这个时候，货币价值和物价水平之间的关系已经不像人们想象的那么直接了。而且，正如布罗代尔所言，英镑长期以来的稳定至少要部分归功于英国经济的成功，而不是任何的货币操纵。作为回报，价值稳定的货币使人们更有可能对合同产生信心，从而使信贷易于获取，因为贷款将被完整偿还，包括那些借给君主的贷款，从而使经济得到发展。

17世纪后期，英国银币再次被减损和磨削，损失了高达50%的银。此时，随着格雷欣定律再次将白银驱逐出市场，黄金取代了白银，一跃成为英国货币体系的商品基础，由于艾萨克·牛顿推行的重新铸造政策，此时的英国货币体系再次被稳定了下来。即使是17世纪末的收成不好，以及对法战争的费用引发的重大经济危机也被成功地克服了。到这个时候，正如我们将在下文看到的，金属货币开始逐渐被纸币所取代，以另一种方式提出了货币价值的问题。

正如卡尔·马克思在《资本论》第一卷关于货币的讨论中所解释的那样："既然货币流通本身使铸币的实际含量同名义含量分离，使铸币的金属存在同它的职能存在分离，那么在货币流通中就隐藏着一种可能性：可以用其他材料做的记号或用象征来代替金属货币执行铸币的职能。"[5]纸币无疑节省了材料，也带来了便利。但是，又是什么决定了纯象征性货币的价值？它又是如何影响用货币表示的价格水平的呢？随着时间的推移，人们的经验表明，纸币既可以保持货币的价值，也可以引起破坏性的通货膨胀。

∵ 纸币的前世今生 ∵

自公元 7 世纪以来，政府发行的纸币（现在通常被称为"法定"货币）在中国就一直被用来取代金属铸币。13 世纪（元朝）时，到中国游历的马可·波罗观察到："在大汗的领土上，无论一个人走到哪里，他都能找到这些纸币，并且可以用它们进行交易，就像用纯金铸币一样。"但事实并非如此：当时，纸币的使用在地域和时间上还是受到了限制，这可能是为了避免重蹈宋朝使用纸币带来的通货膨胀的覆辙。[6]

在欧洲，中世纪晚期和文艺复兴时期的银行业务中出现了一种不同形式的纸币。随着市场经济开始从晚期封建主义的复杂发展中演化出来，当地主想方设法寻找从农奴和农民那里榨取剩余价值的新方法时，贸易开始在欧洲内外扩张开来。货币以"汇票"的形式从一个商人转到另一个商人，从一个地方转到另一个地方。"汇票"由一个城市的某个银行家签发，由另一个城市的银行家兑付。这样，在各地往来贸易的商人就不必随身携带大量的贵重金属，而且还可以使用不同的当地货币进行跨地区的交易。货币通过将跨地区的交易连接起来，相互转换成一种假想的"记账货币"，这是区分货币实质和功能的另一种方式。（汇票两端的银行家都对这项服务收费。）随着汇票使用范围的扩大，商人可以用它们来进行账户结算；最终，它们作为一种货币开始流通起来。原则上，它们总是可以兑换成金属铸币（“正币”），但跳过这一步会更加方便。

银行把人们的钱储存起来，然后借给其他人（向前者支付利息，对后者收取利息）。因为借出的钱是要还的，一张向银行要求付款的凭证可以用来表示这种权利，这就是票据。由于不是每个人都会在同一时间取回他们存入银行的钱，而银行借出的钱也是在不同的时间返还的，所以同一笔钱可以不断地贷给多个借款人：银行只要保留足够的资金储备，以支付随着时间的推移可能出现的现金兑付即可。这些钱可以作为票据（另一种形式的借据）借出，或者以用借款人的名义在贷款银行存入的新存款的形式借出；因此，借给银行的原始资金可以出现在两项或多项不同的存款中，每项存款都可以用银行发行的钞票支付。和汇票一样，银行通过这种方式扩大了货币供应。

随着国家银行（今天中央银行的前身）的建立，这个体系呈现出了一个新的维度。国家银行最初是为了向国家贷款而创建的，政府向富有的商人和银行家借款，特别是为了支付战争费用而向他们借款，是早期现代贵族国家和共和制国家的共同特征，这在佛罗伦萨、威尼斯和热那亚等地表现得尤其明显。随着国家从早期分立的城邦体系和贵族统治的领地中发展出来，统治者对资金日益增长的需求与崛起的富有阶级对最终偿还的需求，以及富有阶级对在贷款和偿还之间保持货币价值的需求之间的紧张关系，开始凸显。

英国国王查理一世和议会之间的冲突导致了英国的内战，大部分冲突都与皇室事务的资金有关。当1688年的光荣革命使荷兰国王威廉三世登上英国王位后，财政始终是国会和新国王之间进行磋商的一个重要问题。杰弗里·英厄姆（Geoffrey Ingham）总结道：

他们有意不给威廉提供足够的收入来支付正常的

开支，因此，威廉不得不依赖议会，以取得更多的资金。第二……政府采取长期借款的方式，以特定项目的税收收入来作为支付利息的抵押品。[7]

这种处理确立了国家服从私有财产所有者利益的原则，这一原则随着时间的推移从英国推广到了所有现代国家。虽然国家有自己的利益，它与私有财产所有者利益之间存在诸多冲突，但它最终必须为“货币权力”服务，因为这是其财政资金的来源。

1690 年，英国与法国开战，威廉需要大量资金来建立一支海军，并满足一些其他的军事目的。威廉说服了一批资助者，凑齐了 120 万英镑，这些资助者答应以 8% 的利息把这笔钱借给皇家财库，每年还要另外收取 4 000 英镑的服务费。这批资助者变为英格兰银行的出资人和合伙人，政府授权英格兰银行从事多种业务，它可以吸收存款、处理汇票、发行钞票、把贷款作为抵押，还可以把存款贷出去。英格兰银行通过向政府提供贷款（用税收和新贷款偿还），以及向私人提供贷款赚取利息。

∵ 19 世纪的货币争论 ∵

通过这种方式，在英国纸币可以与皇家财政部发行的金属货币相互交换。原则上，纸币代表的是银行存款中的黄金，可以随时赎回。但事实上，在正常的商业活动中不需要这样。吊诡的是，常态被打破时，这一点反而变得清晰起来——在 1797 ～ 1821 年英国与法国的斗争中，英格兰银行暂停了其纸币的可兑换性（即将它们兑换成黄金的权利）。法国大革命政府发行的纸币——“纸券”的价值暴跌，导致持有英镑债权的法国人纷纷兑付，将黄金运出英国。当法国在 1797 年的军事胜利引发英国银行的挤兑时，许多当地银行的黄金储备都已耗尽，它们不得不向英格兰银行借款。可兑换性的暂停，使得货币黄金在英国和其他国家之间流动，而英国国内则以纸币进行交易。

1815 年拿破仑战败时，英国的物价水平比 1797 年的高出 22% 以上。这种不可兑换的纸币的印刷数量是由财政部和英格兰银行决定的，而不是由存储在英格兰银行里的金条决定的，对这种纸币的使用是造成通货膨胀的原因吗？这个问题曾经引发一场关于通货膨胀原因的大辩论。

在这场辩论中，继斯密之后最重要的英国经济学家大卫·李嘉图认为，自由发行纸币以偿还政府债务和支付战争费用，扩大了相对于实际商品生产的货币供应量，导致了价格的上涨。议会成立了一个金块委员会来研究这个问题。这个委员会得出结论，认为所谓的金块主义者的观点是正确的，即货币供应量必须与经济体系中商品货币（金块）的实际数量保持一致，以防止货币过剩对价格造成扭曲。

1821 年纸币的可兑换性恢复后，争论又卷土重来。由经济学家和国会议员组成的所谓通货学派坚持认为，在现有的金属货币和纸币混用的情况下，现行的金本位制要求纸币的发行必须与实际的黄金储备对应地扩张和收缩，这是一个比简单的可兑换性更严格的要求。作为其反对派——“银行学派”的主要成员，托马斯·图克（Thomas Tooke）是一名成功的金融家和经济学家，虽然他最初也是一名金块主义者，但经过多年的统计研究和分析，完成了六卷本的《关于价格和货币流通状况的历史》之后，他改变了自己的立场。图克认为，价格上涨和下跌是系统性经济运行的一个方面，19 世纪初的通货膨胀是由于收成不好、战争对经济的破坏、法国对英国贸易的封锁等造成的。和之前的辩论一样，最终还是金块主义者一方取得了胜利，1844 年的《英格兰银行条例》确立了通货学派提出的对纸币发行的限制。

两百年后，西方又爆发了一场关于 2021 年初通货膨胀发生原因的争论：这到底是由于货币供应量过大引发的需求过剩，还是由于世界贸易的行情特征所致呢？就本质而言，这和 19 世纪的那场争论如出一辙。

通货膨胀

通货膨胀是由过度发行纸币而引起的，这一观点在 18 世纪的几次纯粹由纸币引发的短暂经历中得到了加强。上面提到的“纸券”是法国大革命政府从 1789 年开始发行的，法国革命政府承诺在 5 年内用从教会和国王手中夺取的土地出售所得的铸币赎回纸券。[8] 起初，这些被没收的土地是被出售了出去，纸券也可以得到赎回，但随着战争不断深入，法国大革命政府不得不印刷越来越多的纸券，以应付军队的开支和对各种物资的购买。

1796 年法国革命政府发行的纸币价值达 450 亿里弗[⊖]，而土地价值仅为 30 亿里弗，纸币的数量不断增加，使纸币失去了价值，导致价格飙升。最后，已经变得几乎一文不值的纸币与土地之间的交换，也不得不宣告终止，债权人得到法律的保护，不再对纸券进行赎回。

1797 年，法国大革命政府重新开始使用金币和银币。正如政治经济学家罗伯特·斯基德尔斯基（Robert Skidelsky）观察到的那样，从另一个角度来看，这一

⊖ 里弗，古时法国的货币单位。——编者注

可以被视为过度发行货币造成通货膨胀后果的教训，也是一个巨大的成功："政府获得了资金，土地投机者以最低价格购买到了被没收的财产，其他人的实际收入遭受了灾难性的下降。"[9]也就是说，通货膨胀将财富从普通民众手中转移到了政府和土地投机者手中。

纸币早先在美国革命中发挥了核心作用，产生了类似的通货膨胀效应。大陆议会发行纸币来支付战争的费用。这是真正的"法定"货币，它作为货币的性质（其普遍可兑换性）取决于政府的法令。大陆议会敦促各州征收税款，以最终赎回这些"信用票据"，但州议会没有通过这样的法令。

1779 年末，大陆议会将"大陆币"的发行量扩大了 40 倍，各州也加入进来，开始印刷属于自己的货币。特别是考虑到后殖民经济中商品的生产有限，进口也有限，所以，物价随着加速印钞而自由上涨，最终用于偿还贷款的货币变得几乎一文不值，也就不足为奇了。到 1781 年，1 美元纸币能兑换的金币的价值还不到 2 美分。用 J.K. 加尔布雷思的话说："美国不仅是在通货膨胀，而且还是在恶性通货膨胀的浪潮中形成的。”[10]

所谓的第二次美国革命，即1861～1865年的美国内战，带来了法定货币的变化。由于南方各州的退出，联邦政府不得不以减少的税基来支付战争费用。林肯总统不想向国外借钱，并且要向国外借钱又谈何容易，当时英国和法国都支持美国南方各州。国会授权新的联邦特许银行发行美国票据，这是一种不可兑换的纸币，由银行作为政府债券（因以绿色印刷，这些票据被称为绿钞）持有人的信用支持，这些纸币可以用于购买政府债券，也可以用于大多数其他用途；绿钞的购买力随着联邦政府军事上的成败而起起落落。

1864年，以绿钞计价的黄金价格比1861年上涨了200%，人们的生活成本上涨了约170%；在这之后，当北方明显将要赢得战争时，货币的价值开始稳定下来。美国内战的结束引发了一场以小册子和书籍的形式进行的大规模的公众辩论，所讨论的问题是，美国到底应该继续使用纸币还是应该回归金本位制。美国的金块主义者将绿钞与大陆币和纸券进行比较，强调纸币制度所蕴含的通货膨胀的危险，而金本位制则是由黄金的自然价值控制的。但绿钞的支持者主张“建立一个永久性的、统一的、由政府管理的、以低利率不可兑换货币为基础的国家银行体系”，这虽然与东北部银行家和其他债权人的利益相冲突，却符合美国农民和劳动人民的利益。[11] 最后，金融家赢得了这场辩论，1878 年，美国恢复了黄金的可兑换性。

∵ 恶性通胀的根源：战时金融 ∵

战时金融也是历史上最著名的恶性通货膨胀的根源，其中最著名的例子，莫过于 20 世纪 20 年代初德国马克的急剧贬值。德国不希望通过对上层阶级征收所得税来支付第一次世界大战（以下简称“一战”）的费用，因此暂停了马克的可兑换性，以保存黄金储备，并通过借钱来支付战争费用。在一战结束时，由于经济状况不佳，德国无法取得偿还贷款所需的资金，于是，它开始通过今天“臭名昭著”的印钞方式来满足自己的需要。当战胜国向德国征收巨额赔款（讽刺的是，德国政府原以为自己会赢，本来是打算通过向协约国征收赔款来偿还债务的）时，德国的债务更是大幅增加。而战争赔款必须以黄金或外币支付，对外国债权人的债务也是如此，因此，已经因债务规模相对过大而贬值的马克，此时在外汇市场和德国国内又开始迅速贬值。德国马克对美元的汇率在一战结束时为4.2比1，到1923年11月跌至4.2万亿比1，跌幅之大令人咋舌。德意志银行推出了一种新的货币——地租马克（Rentenmark），到1924年，货币事务才算是稳定了下来。

就像纸券的例子一样，这场通货膨胀成功地消除了德国政府的战争债务，同时促进了投机行为（这次是股票市场和大宗商品，而不再是土地投机了），并将工薪阶层、固定收入者和小额储蓄者的收入转移给了工业家和银行家，使他们能够用贬值的货币购买资产。意大利经济学家科斯坦蒂诺·布雷夏尼－图罗尼（Costantino Bresciani-Turroni）于这场大通胀时期在柏林以各种官方身份亲眼看见了这一场景，根据他的说法：

德国通货膨胀的社会影响与过去任何时候流通媒介贬值带来的社会影响并没有本质不同，与一战期间和之后其他国家发生的货币贬值或多或少明显地有所不同。可以说，总的来说，通货膨胀有利于企业家和物质生产资料的所有者，特别是巩固了工业资本家的地位；它降低了工人的实际工资；它摧毁或彻底摧毁了过去的中产阶级投资者……它还创造了一个新的中产阶级，这个全新的阶级由中介人、交易员、证券交易所的小投机者和从货币贬值中获利的小投机商组成。[12]

∵ 走进经济世界的“通胀” ∵

大约在 1923 年德国一条面包的价格上升到 2 000 亿马克时，“通货膨胀”一词才成为经济学词汇；在《牛津英语词典》中，“通货膨胀”一词在英国最早的使用时间是 1864 年。1855 年，一本在美国出版的书指出，通货膨胀“代表流通的纸币数量与银行实际持有的正币数量之间令人惊异的差距”，并抱怨说，这种“货币增加导致了物价上涨”。[13] 这是指被夸大的纸币数量；后来，这个词演变成了现在的意思，即物价上涨。最后，“通货紧缩”也出现在了经济学用语中，表示一般物价水平的下降。

人们注意到，这种物价水平的下降是在物价水平大幅上涨之后出现的。例如，拿破仑战争结束后，英国的消费品价格在 1813 年至 19 世纪 20 年代之间急剧下跌，此后的 50 年里，消费品价格只在一个很狭窄的区间内波动。[14] 价格的暴跌伴随着与和平一起到来的，长达 20 年的经济萧条，这两种经济现象联系在一起的情况并不罕见。我们有理由认为，经济萧条会带来价格下跌，因为随着工资削减、工人被解雇，突然过剩的供应不得不去适应萎缩的需求，同时，投资的放缓也意味着原材料和设备市场的萎缩。与此相反，随着对商品和服务需求的增加，经济繁荣则有望推高价格。当然，这并不是说价格在非萧条期时就不会下跌（正如价格不是在非繁荣期时就不会上涨一样）。

然而，从 1873 年持续到 1896 年，这个最早被称为“大萧条”的长期全球经济低迷时期，确实是以价格强劲下降的趋势为特征的。[15] 有些经济学家认为，通货膨胀是由货币金属供应过剩造成的，所以，他们将这一萧条事件的原因解释为金矿的枯竭和世界工业国家追随英国的金本位制而导致的白银的非货币化。另一些经济学家则指出，当时劳动生产率的大幅提高和运输成本的降低（铁路和苏伊士运河的修建）是价格下跌的驱动因素。20 世纪 30 年代的大萧条，发生在另一段经济繁荣和物价上涨的时期之后，当然也带来了一场严重的通货紧缩，有些学者再次将其归咎于错误的货币政策，他们认为，在这种情况下，政府未能按需增加货币供应。

自那以后，大规模的价格变动就又引发了一个新的问题，那就是：自 20 世纪 40 年代以来，世界范围内持续的通货膨胀，往往都会被归咎于政府的财政政策和货币政策。

正是由于这一经验，当各国政府为应对2008年的衰退而向全球金融体系注入大量资金，支撑濒临倒闭的银行和其他企业时，许多经济学家预计，这些资金带来的需求扩张将导致高水平的通货膨胀。当这一威胁未能变成现实时，又有经济学家开始猜测通货紧缩回归的危险，认为伴随着的会是“长期停滞”这一经济特征。长期停滞是大萧条时代的一个概念，它在美国前财政部长劳伦斯·萨默斯（Lawrence Summers）于2013年的一次演讲中被提到后又回来了。然而，2021年的快速通货膨胀虽然让那些担心通货紧缩的人感到困惑，但也证实了那些一直预计物价会上涨的人的担忧。无论他们的理论观点如何，几乎所有经济学家都呼吁采取货币和财政紧缩政策来压低价格。到2022年，萨默斯本人也“警告说，劝阻美联储继续积极加息的政策是不明智的”，因为“如果不坚持加息，就会出现‘滞胀’，高通货膨胀会使得经济衰退更加严重”。[16]

资本主义已经发生了变化，尽管关于货币的本质及货币在经济生活中的地位的问题在今天至少和在200 年前一样迫在眉睫地需要我们加以解决。很明显，要理解当代的通货膨胀，我们需要回顾 20 世纪的经济史，既要注意到当代问题的新颖之处，又要注意到它的延续性。

CHAPTER 2
第 二 章

通胀时代

“只要有了适当的财政和货币政策，我们的经济就可以实现充分就业，实现它想要的任何水平的资本形成和增长。”

——诺贝尔经济学奖得主
保罗·萨缪尔森

THE RETURN OF
INFLATION

通胀：看似永久的特征

经济史学家一致认为，第二次世界大战（以下简称“二战”）前后的这一段时期是通货膨胀史上的一个变化节点。通货膨胀从一种与革命、政府试图满足战时开支以及经济繁荣时期相关的间歇性现象，变成了资本主义经济的一个看似永久的特征。

在美国，20世纪30年代的大萧条是一个在有效需求下降和生产率提高的情况下价格下跌的时期，这是可以预料到的。政府支出计划（新政）对需求的刺激短暂地结束了当时的通货紧缩，但很快，通货紧缩又重新成为经济的主导性表现，直到1941年，二战刺激下的生产活动才带来了通货膨胀。我们知道，这也是预料之中的。但是，通货膨胀不仅持续到战后初期，而且从那时到现在——根据美国劳工统计局的数据，除了 1949 年和 1954 年，美国经济一直处于通货膨胀的状态之中。

这并不是美国独有的现象。从 1950 年到 1973 年，四个最大的欧洲国家（德国、法国、意大利和英国）的平均生活成本通货膨胀率为 4%。1973 ～ 1989 年，这一数字上升到了 8.4%。[1] 日本在二战后马上就经历了一场由战争债务推动的恶性通货膨胀，这让人联想起 1923 年德国的经历，但 1950 年后的经济重建也带来了持续 30 年（直到 20 世纪 80 年代末）的通货膨胀，这已经成为发达工业经济体的正常现象。1960 年之后的几十年里，物价上涨成为全球经济政策制定者最关注的问题。

历史学家查尔斯·迈尔（Charles Maier）指出："始于 20 世纪 60 年代后期的持续的全球通货膨胀，并没有达到一战和二战后导致许多货币失去效力的恶性通货膨胀的程度。"然而，"工业经济体以前也从未经历过作为一个整体的经济合作与发展组织（经合组织）

所遭受的规模如此之大、持续时间如此之长的通货膨胀。”[2]显然，有一些新的事物进入了我们生活的世界，它是什么呢？

∵ 金本位制的终结 ∵

这种变化的根源，在于我们的经济体系发生的两个重大变化，至少从主要的经济大国来看是这样。第一个重大变化，就是作为国内和国际货币事务的联系纽带、货币数量调节器的金本位制的终结。

金本位制是指纸币可以以一定比率兑换成金币或金块的制度。[3]1870 年左右，世界只有几个主要的（和一些次要的）经济大国采用了金本位制；一战的爆发使金本位制在 1914 年走向了终结。除了有利于当时使用不同货币的国家之间的贸易和资本流动，金本位制还与 19 世纪末的经济增长和经济繁荣紧密地联系在一起，这段时期的经济增长和经济繁荣，也经常被人们归功于金本位制度，[4]因此，人们在一战后努力想恢复金本位制。但是，随着各国牺牲外汇稳定，努力通过放松信贷来应对大萧条对本国的影响，1931 年，在两次世界大战之间，金本位制就宣布崩溃了，1936 年，这一制度就消失不见了。与此同时，金本位制本身既没能阻止 1914 年的全球货币体系解体，也没能阻止 1929 年的大萧条。（事实上，甚至有一些颇有影响力的人认为，在 1929 年大萧条期间，美国的货币紧缩“通过国际货币本位传播到了全世界”，引发了全球经济萧条。[5]）20 世纪 20 年代，经济学家约翰·梅纳德·凯恩斯给出的最著名的观点是，用央行控制的非金属货币取代美元，这对克服萧条和保持繁荣至关重要。

1944 年，在美国财政部的主持下，44 个国家 / 地区的代表（英国代表团由凯恩斯率领）在美国新罕布什尔州的布雷顿森林镇召开会议，会议构筑了一个新的国际经济体系，为二战的结束预做准备，建立了金汇兑本位制。在这一体系中，美元本身可以在国际上（尽管不是在国内）兑换黄金，美元将作为所有其他国家通货的货币储备（与黄金并列，而且“和黄金一样好”)。这一体系在 1971 年也终结了。那一年，美国终止了美元的可兑换性，美元的发行数量远远超过了黄金储备。然而，与此同时，这一体系几乎没有起到任何抑制持续通货膨胀的作用。在很大程度上，正如罗伯特 · O. 基欧汉（Robert O. Keohane）所指出的：“20 世纪 60 年代末国际金融体系所涵纳的通货膨胀全部来源于美国。”[6]这是由于，美国贸易逆差和美元作为储备货币的角色，使美国的货币在国际上积累起来，增加了其他国家的基础货币，而没有减少美国的基础货币。

今天，世界上的货币都是由纸制（或电子）的中央银行信用货币组成的，所有国家都有美元和其他几种货币储备作为后盾，而且为防万一，仍有一些黄金储备。经济理论中的任何立场都不会消失，仍有一些经济学家坚持认为，只有回归真正的金本位制才能消除通货膨胀带来的困扰，因为只有完全的可兑换性才能限制政府印钞的能力（就在不久前，这些经济学家还包括长期担任美联储主席的艾伦 · 格林斯潘和夏尔·戴高乐的经济顾问雅克·鲁夫等重要人物)。但实际上，金本位制已经不复存在了。

自20世纪30年代初以来的另一个重大变化，则是政府借贷和支出的大幅增加，这种增加始于对抗大萧条的各种政策，这些政策随着二战的到来而扩大，此后就再也没有停止过。这两点变化综合起来，就好像19世纪初英国的孪生现象——暂停兑换和战争债务融资一样，已经普遍存在并成为永久性的特征。

正如金块主义者将当时英国的通货膨胀归咎于债务促成的货币与黄金的脱钩一样，二战后的通货膨胀也被归咎于几乎总是不平衡的国家预算，这是由于自布雷顿森林体系瓦解后在国内贸易和国际贸易中缺乏货币的金属基础。尽管通货膨胀的持续蔓延和通货膨胀率周期性地以两位数的比率增长被归咎于不平衡的预算和“过度”的政府支出，但是政府和货币当局似乎总是无力阻止这一趋势的发生。

赤字财政

长达80年的进程可以被划分为若干阶段。在美国，无论罗斯福政府如何谨慎行事，无论它声称如何致力于遵循联邦预算平衡的原则，罗斯福新政都在稳步地朝着增加财政赤字的方向发展。政府在对货币的控制中发挥了积极作用：美国放弃了金本位制，并通过提高黄金的美元价格使货币贬值，这既有助于美国的出口，又可以使黄金流入美国。

∵ 摆脱经济萧条 ∵

联邦存款保险公司（Federal Deposit Insurance Corporation）的成立为银行账户提供了一定数额的担保，阻止了银行挤兑对美国银行体系的破坏，同时，由政府债券支持的30亿美元货币的发行补充了银行的现金供应。由于农产品与制造业产品之间的价格差距越来越大，政府给予农业生产者更多的信贷，作为其减少生产以维持价格所应得的回报。随着时间的推移和萧条的持续，政府增加了支出，以减少失业和提振总需求。为了实现这一目标，政府借了更多的钱。对平衡预算原则的墨守，滋生了会计欺诈："明年"将实现预算平衡的承诺，以及税收的增加，其中就包括1935年的一次重大增税事项。事实上，商业环境在1935年似乎确实有所改善，但1937年经济却再次陷入衰退，当时的私人投资水平仍比1929年的投资水平低1/3，两年后仍有1 000万人失业。[7]经济学家纷纷警告要警惕"长期停滞"，他们认为是资本主义制度的"成熟"带来了经济增长的终结。

我们来看另外一个重要的努力摆脱经济萧条的国家的例子。

1932年的德国施莱歇尔政府和次年的希特勒政府，都在其任内大力增加公共工程支出，但同样收效甚微；尽管纳粹大肆宣传，吹嘘自己的成就，但"高速公路项目对失业率的影响微不足道"。[8]1933～1934年的经济复苏既不是由私人投资的复苏推动的，也不是由创造工作机会的公共支出项目和对农民的援助推动的，而是由军事开支的巨大扩张推动的。

在美国也是如此，直到 1941 年，美国才出现了充分就业的情况，当时，甚至在美国正式参战之前，军备和相关工业就已经进入了全面发展的阶段。在德国，超出了国家实际能力的战争规模，导致了国家对经济的控制不断增强，以及被征服的欧洲在经济上服从德国的需求；在美国，这场战争“创造了充分就业，延缓了长期停滞的到来，减轻了新政所带来的争议，让商人参与到了政府经济政策的管理中来，留下了巨额的联邦债务、庞大的预算和现收现付的税收体制”。[9]

这种情况与十年的大萧条形成了鲜明的对比，为二战后的政策奠定了基础。大规模失业虽然没有使美国的工人阶级变得更激进，但它显然使人们对这样一个社会制度的性质和前景产生了疑问，在这个社会制度中，越来越多的人依赖劳动所得的工资来生存。考虑到市场经济最终是为消费服务的，经济学家很自然地将突然失去工资而导致的贫困，以及商业投资的放缓，归结为消费需求不足带来的结果，正如农民和制造商经历了经济收缩，而把原因归结为他们的产品遭遇了市场萎缩，价格大幅下跌一样。人们普遍预计，战争的结束将带来经济萧条的回归；因此，由于罗斯福新政，特别是由于它对战时经济的管理使政府成了经济建设的参与者，认为政府应该承担永远保证充分就业职能的思想传播开来。

> 充分就业是满足每个群体需求的重要且必要的手段……充分就业成为农业帮扶和调整的第一支柱。它成了必要条件……为了恢复商业利润和投资机会……它成了提高工人收入的最可靠的途径，不仅通过保证他们就业，而且还通过激励他们参加职业培训和自我提升来提高收入。[10]

然而，由于政界和商界担心不受限制的政府支持承诺可能带来的社会和经济后果，《充分就业法案》（*Full Employment Bill*）摇身一变，成了 1946 年的《就业法案》（*Employment Bill*），该法案只要求实现未加定义的“最大限度”的就业，并要求成立白宫经济顾问委员会，正式聘请经济学家加入这一委员会。尽管如此，它还是制度化了这样一种观念——政府有责任维护私营经济无法聘用的工薪人员的就业。

虽然布雷顿森林体系为国际贸易的复苏奠定了基础，但它的实施却依赖于遭受战争破坏的欧洲和日本经济的复苏。美国启动马歇尔计划，为欧洲的复兴提供资金。后来又轮到了日本，它成了美国政府在朝鲜战争中支出的一个承接对象。换句话说，世界经济的复苏还包含了政府经济行为的扩张。[11] 早在1941年战争期间，宝洁公司的总裁就在一次与其他美国公司高管的会议上说："战争结束后，不能用自由放任的哲学或不受控制的供需力量应对企业将面临的挑战。"[12]

例如，在日本，中央银行要确保有足够的资金用于企业扩张，而政府则补贴大量的农业和工业集团，这些都是民主制度下的票仓（这是由工业化地区在不同形式和不同程度上的政策所造成的）。英国失去了昔日辉煌的地位，其原来贸易和金融的主导地位被美国取而代之。这使英国政府备受经济增长放缓的指责，于是英国开始大力扩大公共支出，在英国甚至出现了工业和金融国有化的趋势。意大利也见证了公有制的发展，正如米歇尔·萨尔瓦蒂（Michele Salvati）观察到的那样，“其中一个驱动力是为执政党提供了独立于大工业和私人资本的财政权力和资助来源。”[13]

总的来说，欧洲见证了医疗保障、退休和失业保险等福利制度的发展，也见证了在国家经济计划方向上的欲拒还迎、半迎半拒，就好像意大利对开发其南部地区的反复之态一样。计划和市场这两种方案在美国也都在稳步推进，尽管美国政府的大部分资金都被用在了战争和备战上。

∵ 繁荣的“黄金时代” ∵

二战结束后，世界经济经历了无比严重和长期的大萧条之后，终于迎来了三十年的繁荣。但即使是这个后来被称为“黄金时代”（在法国被称为“光荣年代”）的时代，也被经济周期性的起起落落所打断。这一时期的经济政策，都带有维持高就业率的使命，用阿尔文·汉森（Alvin Hansen）的话来说，就是创造“一个平衡的轮子，它可以抵消私人资本支出的波动”。[14]

这一时期大量涌入政府部门担任顾问和公务员的经济学家认为，他们可以设计出适当的政策，在不造成令人不快的通货膨胀的情况下，最大限度地扩大就业。1955 年，著名经济学家和政府顾问保罗·萨缪尔森（Paul Samuelson）说：“只要有了适当的财政和货币政策，我们的经济就可以实现充分就业，实现它想要的任何水平的资本形成和增长。”[15] 这种对商业波动的管制要求政府在必要时使用征税和借贷手段来介入经济的运行。事实上，“从 20 世纪 50 年代中期到 70 年代末，作为一个整体，经合组织国家的公共支出在国民收入中所占的份额几乎上升了 50%”。[16]

当然，扩大政府开支需要增加税收。税收会降低利润，所以商人们总是支持减税，除了在战时或其他的国家紧急时刻——甚至在那些时候也是如此。这一原则与平衡国家预算的理想发生了冲突，平衡国家预算本身表达了这样一种观点，即政府活动的开支应限制在低税率下可负担的最低水平。正如我们所看到的，除了税收，满足政府开支的另一种选择是印钞，但到目前为止，人们预计这种做法将会导致失控的通货膨胀。因此，富兰克林·D. 罗斯福在 1934 年讨论政府财政时，区分了印美钞和发行与现有政府债务相对应的有限数量的货币，这种货币以“无息的 5 美元和 10 美元债券”的形式存在，这些债券由已经借入的货币支持，并将用未来的税收予以偿还。[17] 还有一种选择就是借债。事实证明，增加债务比增税更受偏爱。

事实上，一旦赤字在实践中变成了（如果不是在计划上被接受为）足以实现充分就业水平的持续经济增长要付出的必要代价，那么，减税就会成为支出的首选替代方案。正如总统经济顾问赫伯特·斯坦所说，人们开始看到，“是赤字，而不是支出，发挥了避免衰退的作用”，因此，“这一作用原来是可以通过降低税收和增加支出来实现的”。两者都扩大了有效需求，但前者在没有降低资本回报率的情况下就做到了这一点。

这种方式在 20 世纪 60 年代尤其受欢迎，当时的人们认为“1957 年以来的经济低迷是由于有利可图的私人投资前景不佳所致，必须通过政府出台的具体措施加以纠正，尤其是通过税收改革，而不是向经济中注入更多的一般购买力”，[18] 特别是有许多人（尤其是商界人士）认为，针对企业和个人的高税率会降低投资的动力。

在私人投资不足的情况下，只要将购买力提高到某一水平以上，就会使总需求增加到超出经济生产能力的水平，从而导致通货膨胀，还会提高有限数量的商品的供应价格，这种观点更是加强了这种政策上的偏向。例如，在美国，1958 年的经济衰退就引发了政府借贷和支出的进一步增加；因此，当时的人们认为，经济衰退并没有带来价格的下降，消费者价格指数甚至还一直继续蹿升。事实上，“经济衰退……似乎是叠加在通货膨胀的长期趋势之上的，而通货膨胀在当时已经持续了将近 20 年”。[19] 通货膨胀取代了经济衰退带来的失业问题，成为经济政策需要解决的核心问题。

20世纪70年代，这两种情况的共存已经成为一种常见现象，“滞胀”一词由此诞生。

抑制通胀

在面对20世纪60年代末利润减少的经济状况时，无论是企业对政府在经济事务中扮演越来越重要的角色的反感，还是它们对通货膨胀的担忧，都未能有助于改善这种经济状况，于是美国和欧洲发生了1973～1975年的严重衰退。在1989年对经济发展的总结中，安格斯·麦迪森这样写道：

> 自1973年以来，世界经济增长急剧放缓。这一点在经合组织国家中表现得非常明显，1974年，这些国家的经济增长趋势出现了急剧而广泛的中断。苏联和东欧也是如此。拉丁美洲的情况同样如此，而转折点则出现在20世纪80年代初。除了亚洲，这种现象确实可以称得上是世界性的。1973年以后，非洲和中东的人均产出甚至出现了显著的下降。[20]

∵ 资本主义历史上的重大转折 ∵

尽管在当时看来，这似乎只是一次经济波动而已，但从随后50年的动荡（银行倒闭、股市崩盘、国际金融危机、日本经济停滞和2008年大衰退）的角度来看，这更像是资本主义历史上的一个重大的转折点。因此，在1979年的费尔南·布罗代尔看来，情况的确如此。站在俯瞰资本主义漫长岁月的高度上，他想知道，随着“1972～1974年困境的开始”，我们是否“走上了一条更长的滑坡……结构性危机只能通过彻底的结构性的拆除和重建来解决”。[21] 虽然这个问题仍未得到解决，但它无疑标志着战后黄金时代的结束。

如果布罗代尔是对的，政府借贷和支出的增加不仅会使经济紧缩的影响受到限制，而且还会推迟这一问题的解决。欧洲的公共支出占GDP的比重从1967～1969年的38%上升到1974～1976年的46%；在日本，这一比重从1970年的19.3%上升到1975年的27.3%和1980年的32.2%；1974年9月至1975年3月，美国的工业产出下降了近25%，政府支出却从1973年的2 648亿美元增加到1975年的3 569亿美元（1950年为408亿美元）。这场危机对金融领域造成的影响（特别是1974年资产数十亿美元的富兰克林国民银行的倒闭）要求美联储采取行动，作为最后贷款人为银行体系提供新创造的信贷。[22]

虽然说为使经济衰退不造成严重的社会后果，这些措施也是必要之举，但它们却伴随着物价的加速上涨。这场始于1965～1970年的通货膨胀，在20世纪70年代和80年代初达到顶峰。1980年当选美国总统的罗纳德·里根和一个由13位杰出经济学家组成的抗击通货膨胀委员会（其中包括两位美联储高级官员和5位美国财政部前部长），都断言（用里根的话来说）："通货膨胀完全是赤字支出的结果。"[23]

银行家尤其不喜欢通货膨胀，因为它侵蚀了实际利率，名义利率也必须根据通货膨胀率进行修正，而借出的本金在以贬值的货币偿还时也会受到侵蚀。债券持有人依靠稳定的货币价值来保护他们投资的价值。而且，就像任何增加成本的事情一样，通货膨胀还会使经营企业的人生活得更加困难，他们必须努力提高自己的价格以应对竞争，并将这些成本转嫁给其他企业和消费者。每个企业都反对在各自具体的业务里所使用的商品和服务的价格上涨，而所有企业都一致反对工资上涨。因此，20世纪70年代有很多关于“工资通货膨胀”和“工资－价格螺旋式上升”的讨论，这些讨论认为只有遏制工会向雇主提出越来越高的工资方案的权力，才能阻止通货膨胀。一般来说，正如G. 威廉·多姆霍夫（G. William Domhoff）所观察到的，“企业界之所以团结一致反对工会……是因为击败工会是所有生息财产所有者最关心的事情”。[24] 抑制通货膨胀为此提供了战斗口号，也为通过减少政府在社会项目和监管机构上的支出来限制预算赤字和潜在的增税提供了战斗口号。

∵ 沃尔克的天才之处 ∵

政治家很难完成这些任务，这限制了财政政策在解决这一问题上的有效性。在国际上，各国政府纷纷转向货币政策寻求帮助。有一个支持央行政治独立性的主要论点——恰恰是因为央行可以免受选民（依赖补贴的农民、领取养老金的人、依赖政府管理的劳动法讨生活的工会会员）的压力，所以不用考虑保护那些帮助选民的项目。

在美国，当时的风云人物是保罗·沃尔克（Paul Volcker），他被吉米·卡特（Jimmy Carter）总统任命为美联储主席，但沃尔克却是在里根政府期间采取了一系列的果断行动。他开出了诊断意见（基本上是旧的金块主义者的想法，把通货膨胀归咎于过度的货币供应刺激了过度的需求），提出了一个不需要立法行动的解决方案（事实上，国会按照里根的意愿在致力于减税，尤其是在同时增加军事开支的情况下，因此美国也出现了大规模的赤字扩张）。美联储将注意力从直接设定利率转移到将货币供应量保持在理论上由经济理想增长路径设定的目标上。由于可供银行放贷的资金减少，于是利率开始上升。正如曾任卡特经济顾问委员会主席的布鲁金斯学会经济学家查尔斯·舒尔茨（Charles Schultze）所解释的那样：

为了采取必须采取的措施来阻止和扭转通货膨胀，美联储不得不将利率推至前所未有的高度……沃尔克的天才之处在于，在必须让公众习惯这一点的时期，他采用了一种实际上相同的制度，但他说，不是我们在提高利率，我们只是为货币供应设定了一条非通货膨胀的路径，是市场正在提高利率。它使得在过渡时期，美联储能够在政治上以更直接的方式做到它原本无法做到的事情。[25]

1979 ～ 1982 年，美国的通货膨胀率从 11% 骤降至 4%，代价是严重的经济衰退，1982 年底美国的失业率超过了 10%。两年后，有 118 家储蓄和贷款银行倒闭，美国第七大银行伊利诺伊大陆国民银行和信托公司破产。与此同时，里根政府开始限制工会权利，降低失业补贴，削减对贫困家庭的援助，削弱工业安全法规和执法的力量。在国际上，利率上升也给墨西哥等拥有大量的以美元计价贷款的国家带来了重大危机。

在英国，玛格丽特·撒切尔扮演了里根的角色，她是工会斗士，是商业放松管制者，是私有化者。她的政府通过提高利率和削减政府开支，将通货膨胀率从 17.8% 降至 4.3%，这一做法可以预期到的代价，当然是破产、失业、国家医疗体系受到严重损害，以及工人阶级陷入贫困。有趣的是，当 1981 年当选的法国弗朗索瓦·密特朗政府试图通过将私营公司国有化、投资于公共工程和国有企业、提高最低工资、缩短每周工作时间，以及对财富征税，使经济现状向相反的方向发展时，由于资本外逃和日益严重的通货膨胀，它不得不马上把方向扭转过来。

自 1973 年以来，"经济表现"在极大的程度上"恶化了数十年（除 20 世纪 90 年代后期之外）"。这并不奇怪，因为"自 20 世纪 90 年代中期以来，在世界范围内，除中国以外的所有地区，甚至包括新兴经济体，资本投资都在稳步走弱"。[26] 只有美联储在 20 世纪 90 年代初的放松信贷刺激了股市，然后是疯狂的房地产泡沫。

看起来，里根时代开启了一个时期，在这个时期，国家对经济的参与可以为私营企业服务，而不是与之竞争；军事开支补贴了企业资本；不断增长的国债利息支付给了私人银行，而国库券（可能是防止违约的凭证）强化了投资组合；由艾伦·格林斯潘领导的美联储提供的宽松信贷使繁荣的金融部门以及最终推动了整个世界经济发展的消费支出成为可能。[27]

当 2008 年美国房地产泡沫破裂，几乎拖垮了世界金融体系时，只有向该体系注入大量美元，才阻止了全面萧条。这意味着世界上所有国家的政府债务达到了前所未有的水平。正如我们所看到的，这种国际盛行的对经济的救助，似乎并没有引起太严重的通货膨胀（尽管股票、商品和房地产市场的价格飙升）。这或许鼓励了各国政府采取进一步的更大力度的财政和货币政策，以应对新冠疫情引发的商业萎缩。2021 年通货膨胀的回归是钟摆式的回归——通货膨胀再次出现，成为政策制定者的头号问题，人们呼吁限制政府的经济刺激措施，同时担心可能出现的工资－价格螺旋式上升。

里根和抗击通货膨胀委员会指责政府财政赤字导致了持续和过高的通货膨胀率，这个指责是正确的吗？如果正确的话，那么，又是什么机制将这两者联系起来的呢？在解释政府、市场经济和货币现象之间的关系上，有两大主流理论被提了出来：一种是凯恩斯对20世纪早期（新古典主义）正统经济学的修正，它旨在解释20世纪30年代的长期萧条，并提出克服它的方法；另一种是更严格的新古典主义理论的回归——货币主义，它旨在诊断凯恩斯方法的失灵，同时解释它们试图克服的弊病。因此，接下来我们将对这两大主流理论进行简要讨论，以理解货币事务在资本主义经济中的地位。

CHAPTER 3
第 三 章

理论与政策

“货币的重要性本质上来自它是现在和未来之间的联系！”

——约翰·梅纳德·凯恩斯

THE RETURN OF INFLATION

几个世纪以来，关于货币动态对经济体系干扰的主流观点一直是货币数量理论，该理论认为，在给定的（“实际”）经济状态下，一般价格水平与货币数量直接相关。这个观点可以追溯到16世纪，当时一位名叫马丁·德·阿斯皮利奎塔（Martín de Azpilcueta）的神学家试图将欧洲谷物价格的上涨解释为是对西班牙从美洲进口白银和黄金的反应，他声称：“货币在稀缺的时候比在充裕的时候更有价值。”[1]大约在同一时间，更知名的大学者让·博丹（Jean Bodin）更广泛地传播了这种观点。

在18世纪，货币数量论中的一些观点得到了亚当·斯密的朋友，哲学家大卫·休谟等人的支持。和《国富论》的作者一样，休谟反对重商主义将财富等同于贵金属货币。他说，实际上，“确切地说，货币不是商业的主题之一；它仅仅是人们一致同意使用的工具而已，为的是方便一种商品与另一种商品的交换”。[2] 由于货币本身并不是财富，而只是真实财富——劳动和商品的代表，所以“商品的价格总是与货币的数量成正比”。因此，根据休谟的观点，通过创造银行信贷来增加货币供应，尽管可能在大多数商品的价格上涨之前增加购买资金，从而为生产提供短期刺激，但长远来看，一旦所有商品的价格上涨，除了物价水平更高，经济基本上不会有什么改变。虽然休谟并没有对此观点有更多的论述，但他的基本假设似乎是，在一个给定的经济体系中，无论有多少货币，它们都会被投入到商业活动之中。当有更多的货币起到交换媒介的作用时，供给量一定的商品价格就会上涨。

正如我们前文提到的，货币数量论是19世纪早期英国金块主义者的论点的基础所在，他们认为1797年暂停纸币的可兑换性后，英镑的贬值是由英格兰银行过度发行纸币造成的，故而只能通过收缩纸币发行量来消除。正如李嘉图在为金块委员会所下的结论辩护时所写的那样："超出正常商业需求的货币进入流通，将降低这些货币的价值。"[3]李嘉图认为，"在银行建立之前，作为货币使用的贵金属，必然会按照各国贸易和支付所需的比例在世界各国之间进行分配"，因为贸易会导致金块从生产力较低的国家流向生产力较高的国家，这些国家需要金块进行更多的交换行为。因此，如果要使用纸币，那么，"这种纸币的价值必须由具备贵金属价值的铸币数量来调节，如果没有纸币，流通的就会是铸币"。[4]否则，银行货币的过度发行将会对国民经济产生有害的干扰：中央银行通过提高相对于外国价格的国内价格而导致通货膨胀，这将造成不利的贸易平衡，从而使黄金流出该国。这种观点是通货学派的理论家所认同的，当拿破仑战争后英国回归金本位制，关于货币的争论重新燃起战火时，他们采取了金块主义者的观点，以图固定汇率，从而确保金本位制的安全性，这就需要通过黄金储备的数量来调节纸币的发行。这一原则体现在 1844 年的《英格兰银行条例》中，该条例旨在遏制信用货币的过度发行，即使是在可兑换的情况下，这个条例也要求对其加以遏制。这一条例是可能得到推行的，因为当时大多数的纸币都没有被兑换成铸币。

均 衡

“新古典主义”一词按理说是不适合19世纪后期经济学理论革命的结果的，这场理论革命与W. S. 杰文斯（W. S. Jevons）和莱昂·瓦尔拉斯（Leon Walras）的名字最为相关，因为他们放弃了在生产中形成价值（财富）的古典方法，这种方法牵涉到在竞争的不同社会阶级之间分配财富。相反，新的方法集中于个体所有者之间的商品和服务交换，由这些个体对所拥有和所期待拥有的财产的主观评价来调节。（因此，地主不再是封建残余，古典主义者此前普遍认为，地主收取的地租会推高食品的价格，从而提高工资，与资本家对利润的追求发生了冲突。现在，新古典主义则认为，他们是拥有与劳务、投资货币或其他商品同等地位的商品的人，他们也像其他个体一样，寻求通过交换以最大限度地提高自己的满意度。）

∵ 货币与经济波动 ∵

由于每个人的目标都是追求最大限度的满足感，所以，如果没有生产和消费组成的“实物交换经济”之外的因素（比如恶劣的天气、瘟疫、战争或其他形式的政府干预）干扰，那么随着时间的推移，经济体系将稳定到一种均衡状态，在这种状态下，所有的个人都能支配他们所拥有的资源，尽力追求自己的利益，实现最大限度的满足感。由于消费是这个经济体系的最终目标，而每个人又都可以自由选择如何参与，所以能力和需要（供给和需求）相互调节，从而最大化了全社会的满足感，也使每个人的福利与整个社会的福利协调一致。正因为每个人都在追求自己的福利，所以这个体系利用了所有可用的资源，既包括技术，也包括企业家希望雇用的工人。因此，在这种理论体系中，失业是不可能出现的。正如戈特弗里德・冯・哈伯勒（Gottfried von Haberler）在 1937 年为国际联盟撰写的一份研究报告中指出的那样，只有经济收缩（比如当时持续的大萧条和大规模失业）才需要从理论上加以解释，“因为向上的运动，即走向充分就业的途径，可以被解释为经济体趋于均衡的内在趋势所带来的自然结果”。[5]

均衡意味着，维系该体系运行的交换能使各种关系彼此和谐，相互之间达成一致：当商品以消费者愿意支付的价格出售时，对工资的设定必须能使资本回报成为可能。新古典理论数学公式（由瓦尔拉斯、维尔弗雷多·帕累托、古斯塔夫·卡塞尔、约瑟夫·熊彼特等人提出）的核心，在于证明通过价格关系的相互作用，所有商品和服务都能实现供需的一般均衡。由 19 世纪的物理学中发展而来的数学，在把经济作为一种机制的新描述中，证明了自身的合理性。他们把经济看成是一种同时交换的系统，这个系统决定了所有的价格，由主观选择的力量统一起来。[6]

与古典理论一样，这种方法将货币视为对生产和消费的“实物交换经济”的补充，认为它只是有助于促成构成实物交换经济的商品交换而已。正如约瑟夫·熊彼特对这个概念所做的总结，对于新古典经济学来说：

> 货币理论放在一个单独的隔间里，“价值与分配理论”放在另一个隔间里。价格（包括收入比率）仍然主要是交换比率，货币将其简化为绝对的数字，除了给它们披上货币的外衣，没有任何影响。或者，换句话说，一切经济过程的模式在本质上都只是一种物物交换模式，通货膨胀和通货紧缩可能会干扰它的运行，但它在逻辑上是完整的和自主的。[7]

要使所有的商品从一个人转到另一个人手中，就必须得有足够的货币；因此，货币总量乘以单位货币在一笔交易中使用的次数（“流通速度”），应该等于交易总量乘以商品的平均价格。根据货币数量论主张者的理解，货币总量是这个“交换方程”（上述等式）中的活跃因素：过多的货币会产生通货膨胀，流通手段不足会导致通货紧缩，这两种情况都会产生有害的影响。

因此，用货币数量论来解释自19世纪初以来已经变得令人不安的明显的经济波动，似乎与系统均衡的理论化趋势相冲突。美国货币理论家欧文·费雪在1925年写到，美国“物价水平的变化几乎完全解释了1915～1923年期间的贸易波动”，并“主导”了1877～1914年期间的贸易波动。[8]这些观点由来已久：正如上文所述，2006年至2014年担任美联储主席的本·伯南克认为，20世纪30年代的大萧条本身是由美国当局发起的“货币紧缩”造成的，并“通过国际货币本位制传播到了全世界”。[9]时任美国总统巴拉克·奥巴马的首席经济顾问克里斯蒂娜·罗默（Christina Romer）声称，她的研究证明，“我们所观察到的1942年之前的美国经济复苏，几乎都是由货币扩张推动的”，也就是说，“是由20世纪30年代中后期大量的黄金流入所推动的”。[10]

在两次世界大战之间的这一时期，这一观点让人们“通过调节中央银行的利率，尝试以纯粹货币的方式克服经济周期，稳定经济、货币价值和世界价格”，[11]

这一观点还认为，这也控制着银行可以提供的信贷数量。鉴于信贷在资本主义经济中的核心作用，著名的瑞典经济学家克努特·维克塞尔认为，货币机构可以“以这类方式来调节利率，以保持国际收支平衡，使价格处在恒定的水平上”。同样，英国著名的经济学家R. G. 霍特里也认为，经济波动“是由全球范围内的信贷收缩引起的”，因此“如果货币流动能够稳定下来”，从而防止这种收缩，那么“经济波动就会消失”。[12]

凯恩斯主义的兴衰

然而，在大萧条期间，货币当局的错误判断，致使自然均衡的体系暂时无法正常运转的观点，就不再那么令人信服了。

一方面，虽然 1929 年至 1932 年间美国失业率的上升导致了工资率的急剧下降，但这并没有导致充分就业均衡的恢复。正如凯恩斯在 1936 年的著作《就业、利息和货币通论》（*The General Theory of*

Employment, Interest and Money）中指出的那样："断言美国1932年的失业现象是由于劳动者坚持不肯让货币工资降低，或者说，坚持要求超过美国这个经济机器的生产能力所能承受的实际工资，也不太令人信服。"[13]

另一方面，利率的下降也并没有使资本投资的增长达到令人满意的程度。正如我们在前一章讲到的，在美国和其他地方，这种情形迫使政府采取行动，通过放松信贷，提供救济支出、支持性价格，以及增加创造工作机会的公共工程项目和其他形式的政府支出来加以应对。最终，这场大萧条带来了另外一场世界大战，重组了全球经济的既有框架，使新一轮的经济繁荣成为可能。凯恩斯对新古典主义理论的重新表述，为政府在这一过程中放开手脚提供了解释和理由。[14]

∵ 静态经济均衡 ∵

凯恩斯不反对资本主义经济会自然趋向于供需平衡的观点。但他并不认为这意味着所有的商品都能成功地销售出去；相反，他认为均衡是一种没有变化趋势的经济状态。

他坚持认为，我们不仅需要更仔细地检查“供给”和“需求”的决定因素，还需要对这些因素的影响做更深入的历史性考察。经济增长增加了就业，也增加了整个社会的收入。凯恩斯认为（他没有提供证据，而似乎把这当作了常识）这是一个心理学上的事实：“当实际总收入增加时，总消费也会增加，但增加的幅度不如收入增加的幅度那么大。”根据凯恩斯所说的“消费倾向下降”，收入和消费增加幅度的差距会随着时间的推移而扩大。因此，均衡就业水平取决于投资支出的数量：“要充分吸收总产出超出社会选择消费的部分，就必须得有一定数量的当前投资。”然而，对于给定的需求水平，“均衡就业水平……将取决于当前的投资额”。[15]这又是什么缘故呢？

储蓄就是没有花在消费上的收入；新古典主义理论（凯恩斯称之为“古典”理论，这一点令人大惑不解）认为，货币只是促进市场交换的润滑剂，企业家借入储蓄，并为此支付利息，将其投资于生产，这是理所当然的做法。而如果经济收缩，储蓄的钱比投资的钱还要多，这种不平衡就会降低利率，使企业家借更多的钱，家庭也会倾向于把更多的钱拿来消费。这些变化将重新建立储蓄与投资之间的均衡，使整个经济体系回归充分就业的状态。

凯恩斯认为，这种观点是不正确的。利率不是由储蓄和投资的相互作用决定的，而是由货币本身的需求和供给决定的。投资资金被理解为“实际”消费和生产出来的商品的货币。货币有其自身的经济事实，因为它不仅用于在实际交易中购买商品，而且还会用于应对未来的投机机会，凯恩斯对这一点的坚持是对新古典主义概念的重大突破。

人们之所以持有货币，是为了对冲未来的不确定性，凯恩斯称之为“流动性偏好”。他强调：“货币的重要性本质上来自它是现在和未来之间的联系。”因此，货币是一种媒介，通过它，“关于未来的不断变化的看法能够影响现有的状况”。如果说关于交换的数学上的一般均衡提供了资本主义经济的静态图像，那么货币就使“均衡转移理论”成了可能。[16]无论理论上承诺的长期均衡是什么，在短期内，经济收缩总是表明，持有货币以观察利率以及债券和股票价格的变动是明智的。因此，利率的下降会立即导致储蓄的增加和投资的减少。这种情况显然限制了货币数量论的适用性，凯恩斯认识到这一点再次偏离了正统经济学；只有当所有的储蓄都用于投资，从而所有的收入都用于消费或生产时，货币的数量才能被认为是决定一般价格水平的因素。

把钱投资到生产中，是为了赚更多的钱，为了获得凯恩斯所说的“资本边际效率”，即以给定价格购买的资本的预期收益率（古典经济学家称之为“利润”）。凯恩斯认为，随着社会资本存量相对于需求的增长，资本边际效率必然会随着时间的推移而下降。[17]简单地说，他的结论是：如果就业不萎缩，由于消费倾向下降，随着对投资以及资本设备购买的需求的增加，投资动机将会减弱。因此，“经济体系可能会发现自己在低于充分就业的水平上处于稳定的均衡状态……”——也就是说，经济处于长期的萧条或停滞时期。[18]

凯恩斯并没有放弃经济学的基本信条：“再重复一下这个人所共知的事实——消费是一切经济活动的唯一目的和对象。”这就是“就业机会必然受到总需求水平的限制”的根本原因。[19]但是，实物交换经济和货币机制之间存在着冲突，这在流动性偏好现象中表现了出来：用经济史学家玛莎·坎贝尔（Martha Campbell）的话来说，对凯恩斯来说，“货币和金融资产的存在允许个人和社会之间出现利益上的分歧”，而这些利益在实物交换经济中则是和谐统一的。[20]

市场的动态过程无法克服这种冲突，管理货币供应所产生的效果是有限的。大萧条不是货币供应不足造成的，而是需求下降，投资崩溃造成的。根据凯恩斯的说法，这就意味着，“把安排当前投资量的责任交给私人是不安全的”。国家必须“刺激消费倾向”，直接“通过重新分配收入”或间接通过由政府债务资助的创造就业的投资项目来做到这一点，凯恩斯说，尽管“建造房屋等做法更明智”，但“建造金字塔、地震，甚至战争都可能有助于增加财富”。[21]

凯恩斯认为，这并不意味着应该放弃市场经济，而采用另一种组织生产和分配商品的方式。他认识到，尽管“世界将不再容忍失业……但是……失业现象不可避免地是与资本主义的个人主义联系在一起的，有价值的人类活动需要赚钱的动机和保护私人财富所有权的环境才能充分实现”。[22] 这个答案就是所谓的“混合经济”，在这种经济中，政府对以私有财产为基础的经济的干预，只是为了将均衡点转向充分就业，而不是为了将私营企业社会化，当然也不是为了与之竞争。

最后，在接受货币数量论的抽象原则的同时，凯恩斯认为，由于不同经济因素之间相互作用的复杂性，他的建议可以使我们的社会不受脱缰野马般的通货膨胀的威胁。最终，他得出了这样的结论，“价格的长期稳定或不稳定不会直接取决于”货币供应量的大小，而是“取决于工资单位（或者更准确地说，成本单位）

相对于生产体系效率增长率的上升趋势的强弱”。[23]货币供应需要兼顾私人投资和政府借贷。但相对于通过扩大和收缩政府支出来管理需求而言，对货币的管理仍然是次要的。

凯恩斯的著作对经济理论和政策都产生了巨大的影响。一方面，虽然确实“马克思通过自己对古典理论的批评而预见到了凯恩斯对新古典理论的批评”，但对于大多数经济学家来说，马克思的工作都不为他们所知，他们将马克思的经济学视为古典政治经济学的一个分支。[24]正如罗伯特·斯基德尔斯基所指出的：“在凯恩斯之前，只有马克思主义才有失业理论。凯恩斯推翻了现存的古典（他指的是新古典）理论……”[25]

凯恩斯的理论创新，似乎是对一种无法令人满意地应对20世纪资本主义经济的正统理论的突破。具体来讲，正如赫伯特·斯坦所说，“《通论》对产出和就业总水平做出了理智的令人满意的解释”，对于当前的经济思想来说，这种解释似乎并不陌生。[26]另外，它还提供了一种理论，这种理论既证明了政府在面对大萧条时已经采取的措施是合理的，又解释了为什么这些措施尚不足以结束经济衰退："新政的唯一错误就是它还没有花出去足够多的钱。"[27] 二战的胜利使美国实现了充分就业，为新政盖上了神圣的封印。虽然自由主义者对一战后出现的替代资本主义的国家体制一再反对，但通过这种方式，凯恩斯主义证明了国家更多干预经济的必要性，这似乎已经成为 20 世纪 30 年代资本主义的核心特征。同时，凯恩斯主义也提高了经济学家大军的社会重要性，使他们敢于越过理论的界限，积极指导社会经济事务。

随着美国在战后确立了资本主义经济和军事超级大国的地位，美国经济学也像美国电影一样在全球占据了主导地位。凯恩斯理论的美国化在很大程度上放弃了凯恩斯对投机行为的贬低，同时保留了他对财富不平等的辩护。学院派经济学中后来被称为"新古典综合"的理论将凯恩斯的思想与瓦尔拉斯的理论结合起来，并为之提供了数学模型，从而可以将数据放入模型中来预测和解释经济发展。[28] 统计信息的增长，是主张以科学为基础稳定物价和失业、控制经济周期的大型行政国家出现的一个自然结果。但正如准确的预测在实践中比在理论上更加困难一样，经济事件的发展过程在统计数据上并没怎么证实凯恩斯的理论：

> 似乎无论何时，只要采取扩张性的财政行动，经济就一定会同时或在某个固定时期后大幅扩张。但事实上，这种规律并不存在……当然也有……符合正常预期的情况……艾森豪威尔在1959年至1960年推动预算盈余，但随之而来的是经济放缓。1964年减税后，经济继续强劲扩张……然而，更一般地说，系统地比较预算状况的变动和经济在同一时期或以后时期的变动，我们会发现，它们在方向上并没有什么系统性的关系。[29]

∵ 凯恩斯主义华彩不再 ∵

到了20世纪70年代，随着经济增长黄金时代的结束和严重衰退的再现，凯恩斯主义失去了昔日的华彩。特别是，凯恩斯假设通货膨胀与同劳动生产率不相匹配的工资的上升趋势存在联系，但这种联系却并没有得到证实。

1958 年，经济学家菲利普斯（A. V. Phillips）证明了工资的增长与失业率之间存在着统计上的反向相关关系，由于工资作为基本成本，与价格密切相关，所以这一相关关系表明，经济体可以在价格稳定和失业之间做出选择。[30]

在 20 世纪六七十年代，不仅通货膨胀率上升到了企业和政府感到不适的水平，而且“菲利普斯曲线的移动”还使失业率的上升与物价的上涨并存，英国财政大臣伊恩·麦克劳德（Iain Macleod）由此创造出了“滞胀”这个流行词语。赤字支出增加了总需求，导致价格上涨，但似乎并没有真正解决失业问题。斯基德尔斯基多年来一直致力于撰写凯恩斯的传记，他遗憾地说：“凯恩斯只是对了一部分，而且只对了 30 年。”[31]

如果凯恩斯主义之前的新古典主义终究是正确的，那我们又该如何处之？在凯恩斯主义理论占主导地位的整个时期，奥地利学派经济学家一直坚持认为新古典主义是正确的，他们绝对忠实于最初的新古典主义观点；新古典主义现在被美国人米尔顿·弗里德曼（Milton Friedman）以一种名为“货币主义”的观点发扬光大。弗里德曼和他的理论同盟者认为，如果资本主义真的能在“自然”失业率下实现自我均衡，那么，尝试将失业率降低到该水平以下只会导致通货膨胀，并进一步破坏经济体系的稳定性，那我们又该怎么办呢？[32]

货币主义的诊断告诉我们，问题出在政府为扩大需求而创造货币上。换句话说，弗里德曼希望我们回到货币数量论上去：“实质性通货膨胀，”他写道，“是一种货币现象，几乎总是由货币数量的增长快于产出的增长所引起的。”[33]同为货币主义者的哈里·约翰逊（Harry Johnson）解释说，针对凯恩斯主义为经济开出的处方，“现代货币数量论”已然不同于早期的新古典主义理论，不同之处在于“它假设经济上的干扰主要不是源于私人部门行为（无论是支出还是现金需求行为）的不稳定，而是源于货币当局政策的不稳定”。[34]

弗里德曼哀叹，大萧条（他更愿意称之为“大收缩”）的影响在于，它粉碎了“人们长期持有的认为货币力量是经济周期性过程中的重要因素，以及货币政策是促进经济稳定的有力工具的信念”。[35]政府不应该试图通过财政手段管理经济——从长远来看，这是行不通的，而是应该认识到“如果采取自由放任的态度，私营部门能照顾好自己”，并将自己的职责限制在确保货币供应量与经济发展保持同步增长的范围内。[36]后布雷顿森林体系时代的美元，在实际操作中不再受与黄金具有任何关系的数量上的限制，这就需要一些其他原则来限制美元数量。货币主义者声称，他们提供了这一原则，并在1979年由美联储主席保罗·沃尔克将其付诸实践。

由于担心通货膨胀加剧，沃尔克放弃了美联储早先通过调整利率来控制通货膨胀和失业的政策，转向采取保持货币供应稳定增长的政策。在这一点上，他呼应了弗里德曼的观点：“通过货币存量变化对支出的直接效应，货币政策的效果更加显著，而如果通过对利率的间接影响，那么货币政策的效果要小得多。”[37]弗里德曼的一个中心原则是，货币供应作为一个整体，可以通过调节一种核心类型的货币的数量来控制，这种货币被他称为“高能货币”，也被称为基础货币。高能货币是中央银行发行的货币，即进入流通的货币再加上商业银行在其机构（例如，在自动取款机内）和其地区联邦储备银行持有的货币。美联储通过设定准备金率来扩张或收缩货币供应，从而意图控制所谓的M1（通货加支票存款），沃尔克时代的美联储试图保持高能货币的扩张速度处于稳定的水平。（M2加上储蓄账户等于货币总量；M3和M4包括流动性更差的货币和“准货币”，比如定期存单。）

货币与政府

美联储通过所谓的“公开市场”操作购买国库券（和其他证券），从而将资金投入经济体系，或者通过出售国库券而从经济体系中撤出资金。它用美联储的票据（用会计术语来说就是“负债”）支付这些债券，这些票据是美联储持有证券的借据，随时可以出售。正是这些票据（政府债务）作为通货在经济中流通。此外，银行可以通过“贴现窗口”从美联储借入美元，以维持法定准备金，“支持”银行向企业、个人甚至国家发放贷款。美联储通过设定向银行收取的利率（“贴现率”）和公开市场操作的数量，对经济体系中的货币数量施加影响。

∵ 货币主义的“滑铁卢” ∵

今天所有的货币都是由银行和其他金融机构产生的，这告诉我们，对资本主义经济运作而言至关重要的银行体系已经具备了政府的特征。作为政府或准政府的中央银行对私有银行的监管，以及政府对银行存款提供的保险，都正式承认了这一点。尽管今天的美元是由美联储发行的纸币，但正如人们常说的，它是由美国政府“充分信任并予以信用支持的”。

英格兰银行是第一个将银行信贷与主权货币融合在一起的银行。虽然我把美元当作世界储备货币，但同样的机制也适用于欧元、日元和所有其他国家的货币。因此，中央银行在调节货币供应方面的作用，是政府在经济管理中日益发挥作用的一个表现。

在这种情况下，即使像弗里德曼这样的人，也很难要求政府退出经济监管。他大胆地回归到过去的货币数量论上去，坚持认为“货币政策可以防止货币本身成为经济动荡的主要来源”。[38] 中央银行应该成为经济发展的无名英雄，让货币供应与经济需求保持一致，否则就别在那里碍事。事实上，沃尔克将这一想法付诸实践的尝试确实导致了通货膨胀率的下降，但除此之外，一切都不像弗里德曼所说的那样。首先，货币供应难以控制，它随着商人和银行家的需求而膨胀和收缩。正如杰弗里·英厄姆总结的那样，尤其是在20世纪80年代，里根和撒切尔政府推动放松金融管制之后：

信贷工具激增，（放松管制的）监管措施使信贷工具更具可替代性和可转移性，并可转换为现金。例如，美国和英国放松了对存款或储蓄账户与活期（支票）账户严格分离的监管，因此货币供应得到了扩大和增加……（货币学派的）政策越来越行不通了。后来，在 20 世纪 90 年代初，由于信贷货币继续以每年超过 25% 的速度扩张，但通货膨胀率却明显下降，货币数量论的基础受到了质疑。[39]

同时，新的货币政策通过美联储试图限制货币增长而导致的利率大幅上升，来发挥其实际效果。受胡乱干预通货膨胀影响而解放出来的经济，不仅没有实现自我均衡，反而陷入了严重的衰退。1982 年，有 66 000 家美国公司申请破产，这是自 1929 ～ 1932 年共有 24 900 家公司破产以来的最高数字，也是自 1933 年以来的最糟糕的水平。2 000 万工人处于失业或半失业状态，有的人已经丧失了找到工作的信心。[40] 最终，金融体系受到严重影响，许多银行倒闭。

这场衰退并不仅限于美国。英国也有自己的货币学派，撒切尔政府承诺对预算严加管理，通过减少货币存量来对抗通货膨胀。与美国一样，英国的通货膨胀率确实下降了，但代价却是高失业率和企业的倒闭。与此同时，美国的实验对那些拥有巨额外债（主要是美元外债）的所谓欠发达国家的影响则是毁灭性的。1982 年，墨西哥已经走到了国家破产的边缘；墨西哥的债务违约将会给那些借钱给它的美国银行带来灾难性的影响。美国财政部和其他政府部门被迫拿出数十亿美元的资金为其纾困。一年之内，这个故事又在其他 14 个贫穷国家重复上演。在这些事件发生的过程中，货币主义作为政策基础的地位被弃之不顾，政府重新灵活设定货币增长的目标，并公开操纵利率。事实上，货币供应得到了大大扩张，利率在此后几十年里一直保持在历史的低位上，基金经理喜欢称这段时期为“大缓和”。

∵ 饱受争议的货币数量论 ∵

令人惊讶的不是货币主义遭遇的“滑铁卢”，而是人们对它的信任程度为何如此之高。[41] 货币数量论自18世纪形成以来一直受到批评。货币与其他经济现象之间相互关系的复杂性，总是与这一理论所体现的让人感到很舒服的简单性相违背，尤其是在现代统计学的发展使严肃的经验调查具备可能性之后。虽然在让·博丹看来美洲的黄金流入欧洲与16世纪价格之间的联系是显而易见的，但基于辛苦构建的数据集而做出的20世纪的研究，却使大多数经济史学家对该理论的解释价值不再感兴趣。[42]

早在19世纪中期，图克对价格史的研究就使他放弃了金块主义。大卫·威尔斯1890年的著作，主要致力于研究19世纪末所谓的大萧条的原因，这本书为黄金供应和信贷工具的增长提供了证据，因此，他认为，世界范围内的价格下跌必须用“新的生产和分配条件下商品的大幅增加和廉价化”来解释。[43]接近19世纪末，韦斯利·米切尔对美国美元时代认真细致的调查研究，也表明货币数量论是站不住脚的。[44]

卡尔·马克思将当时可用的一切统计材料与对论

点的深刻逻辑分析结合起来，对古典政治经济学中支持的货币数量论进行了毁灭性的批判。他发现休谟的货币数量论是基于不充分的历史信息和混乱的推理得出来的，特别是他的理论暗示“那么金银就没有什么内在的价值，因此实际上也就不是真正的商品”，因为“如果金银有自己的价值”，那它就与货币数量论下的这个结论相反：“作为一定商品价值总额的等价物来流通的，只能是一定量的金银。”[45] 马克思认为，是休谟对重商主义的执念，使他误入歧途；同样，马克思认为，李嘉图的货币数量论和 19 世纪早期的金块主义者的立场，是由“18 世纪纸币的演变”，特别是约翰 · 劳体系的经验、法国大革命前和革命期间英国在北美殖民地的法定货币的贬值，以及法国的纸券所形成的。

在马克思看来，“当时英国大部分著作家都把完全遵循另一种规律的银行券流通，同价值符号或强制通用的国家纸币的流通混为一谈”，也就是说，马克思认为在某些情况下，法定货币会出现与货币数量论一致的现象——“他们借口这种强制流通的现象要用金属流通的规律来说明，实际上反而是从前一种现象中抽出后一种现象的规律。”[46]

尽管马克思非常尊重李嘉图作为经济学家的地位，但他发现，李嘉图的理论不仅与货币和物价的统计数据不符，而且最终还是错误的：李嘉图关于商品价格取决于流通中的黄金数量这一观点的证明，原来是假设“任何数量的作为货币的贵金属，无论其与内在价值的关系如何，都必须成为一种流通媒介”，也就是说，“这一证明建立在忽略货币除作为流通媒介的功能之外的所有功能这一基础上”，这一概念早前是被詹姆士·斯图亚特爵士推翻了的（亚当·斯密接受了这一观点）。[47] 相比之下，图克的研究（“不是从某种理论推导出来的，而是从对1793年至1856年商品价格历史的仔细分析中推导出来的”）从经验上证明了“货币数量论所假定的价格和货币数量之间的直接关系，纯粹是想象出来的”。[48]

马克思在讨论交换方程时说：

有一种错觉，认为情况恰恰相反，即商品价格决定于流通手段量，而流通手段量又决定于一个国家现有的货币材料量，这种错觉在它的最初的代表者那里是建立在下面这个荒谬的假设上的：在进入流通过程时，商品没有价格，货币也没有价值，然后在这个过程内，商品堆的一个可除部分同金属堆的一个可除部分相交换。[49]

马克思指出，无论如何，钞票通常都是在购买的商品已经离开市场之后支付的，因此“即使价格、货币流通速度和支付的节省程度是既定的，一定时期内例如一天内流通的货币量和流通的商品量也不再相符”。[50]这使得货币数量论变得不可操作，这也是韦斯利·米切尔以更温和的方式所得到的观察结论。

新古典理论中的数学是从物理学中借用来的，而不是从历史上更为本源的由实验信息所驱动的科学中借用来的。在试图用静态分析来捕捉一个不断变化的系统的基本特征时，这一点马上就暴露无遗。正如摩根斯坦所观察到的那样：“对现代经济的观察再完善也无济于事，也不会对瓦尔拉斯体系产生任何影响，因为瓦尔拉斯体系使用了不恰当的最大化的数学概念，它只描述了一种假设的经济组织情况，无论描述得多么粗糙或细致，都与现实相去甚远。”[51] 因此，在解释他自己版本的货币数量论的过程中，欧文·费雪承认，现实中，与经济状态中更常见的过渡时期相反，均衡时期总是“例外的情况”。他发现，由货币数量决定价格水平，这只有在例外的情况下才会成立。[52]

根据弗里德曼的说法，“自然失业率”（货币学派用它取代了菲利普斯曲线）是“瓦尔拉斯一般均衡方程系统所能得出的水平，前提是这些方程中嵌入了劳动力和商品市场的实际结构特征，这些特征包括市场的不完善性、需求和供给的随机可变性、搜索职位空缺和劳动供给信息的成本、劳动力流动的成本等”。[53] 但是，除了一般均衡方程无法解出实际值这一事实，由于方程的数量巨大，所以，代表上述“结构特征”的数目并不比代表这些方程核心特征的个人效用或偏好的数目更大。尽管存在这些问题，但信奉凯恩斯主义的萨缪尔森和信奉货币主义的弗里德曼都认为，瓦尔拉斯主义的理论才对实际事件具有直接的解释意义，而货币数量和价格之间的联系在时间上和数量上是如此模糊，以至于根本无法验证。正如一位认真负责地批评货币主义的人所总结的那样："在我所知的任何情况下，都没有人成功地以一种精确的、定量的方式将（由于货币扩张带来的）需求增长与物价水平的上涨联系起来。"[54]

米尔顿·弗里德曼对验证问题极为敏感，他 1983 年的巨著《美国货币史》（与安娜·J. 施瓦茨合著）将历史研究纳入货币主义的扩展论证之中。其中最为关键的一章是关于大萧条的，这一章旨在证明取代了对大萧条的货币解释的凯恩斯主义思想"不是从经验中得出的有效推论"。然而，弗里德曼和施瓦茨自己对经验的诉求，仅仅在于证明美联储在 1931 年之后未能尽可能多地扩大货币供应，并推测更宽松的政策可能会带来经济上的复苏。正如两位作者所说："一切都取决于美联储认为多少货币是足够的。"他们得出的结论是，美联储的政策对大萧条的严重性负有责任，因为这些政策根本没有顾及“美国的非货币力量以及世界其他地区的货币和非货币力量”。[55]

货币数量论近年来最重要的用途，是解释战后政府赤字支出对观察到的通货膨胀所造成的影响，但这一用途并没有很好地经受住经验研究的考验。例如，一项对经合组织国家政府支出和通货膨胀的详细研究将其结果总结为：

赤字导致通货膨胀的观点——赤字导致货币过度扩张，而货币过度扩张又导致物价上涨，通常并不正确。在有些国家，如美国和日本，预算赤字并没有引起货币的急剧增加，因此要解释通货膨胀，必须寻找货币扩张的非财政来源（如美国），或者寻找除货币扩张以外的通货膨胀来源（如日本）。在其他国家，例如联邦德国，赤字似乎导致了货币的扩张，然而，这并不是其物价上涨的主要原因，即使赤字被货币化了，对于通货膨胀的解释也必须考虑货币供给变化以外的因素。因此，虽然有些国家支持货币主义假说，但在发达国家，特别是在三个大经济体（美国、日本和联邦德国）中，似乎不太可能完全将通货膨胀归因于政府的预算赤字。[56]

无论是货币数量论在理论上或经验上的不足，还是货币主义在实践上的失败（就如同凯恩斯主义的失败一样），都没有阻止这两种理论继续塑造经济理论和经济政策。事实上，自20世纪80年代以来，这两种理论在各种思想流派中彼此交融，成为主流讨论的核心内容。也许是诺贝尔奖让弗里德曼变得成熟了，他在重新思考这两种理论之间的关系时这样说道：

凯恩斯对预期的强调，使得对各种经济背景下预期的作用和形成的分析如雨后春笋。反过来说，货币数量论的复兴使凯恩斯学派的经济学家把货币数量的变化变成了他们分析短期变化的一个基本因素。[57]

正如英厄姆所评论的那样，在这一理论和解的过程中，“正统的货币政策已经越来越脱离正统的货币理论”。[58]相反，在理性预期理论（弗里德曼主义的一个分支）的影响下，人们的注意力开始集中在经济参与者的“预期”上，也就是对未来通货膨胀和应对通货膨胀的货币政策的预期上，这种预期被认为是通货膨胀的决定因素。

熟悉的问题再次出现在世人面前：用一位美联储行长的话来说：“虽然理论令人信服，但现实世界并不总是与之相契。”例如，通货膨胀预期“不能被直接观察到”，而必须从对不同人群态度的一系列衡量中推断出来。无论如何，研究中使用的那些等式也“无法回答高通货膨胀是否会导致通货膨胀预期的增加，或者高通货膨胀预期是否会影响家庭和企业的决策，从而导致更高的通货膨胀，或者两者兼而有之”。然而，“政策制定者需要根据现有的有限信息做出决定”。[59]

尽管政策制定者需要制定政策，但事实证明，凯恩斯主义并没有提供一条通往永久繁荣的道路，货币主义也没有为资本主义找到一条重建其均衡的途径。自20世纪80年代中期以来主导经济理论和政策的，是这两种主义的折中组合，但它同样既没能阻止2008年的金融危机，也没能阻止2021年再次出现的滞胀。

在由此产生的理论混乱中，尽管美国政府为应对大衰退而大规模扩大了货币供应，但低通货膨胀时期却催生了货币国定论（Chartalism）的复兴。货币国定论是这样一种学说，它以现代货币理论（Modern Monetary Theory）的名义，认为货币乃是国家的产物，可以根据社会的需要而自由生产[60]。用持这一观点的一位当代杰出代表的话来说就是，政府赤字是无害的，因为“有了法定货币，山姆大叔就不可能再缺钱了”，这样，为了促进充分就业，就可以尽可能多地印钞。只有当充分就业实现时，“任何新增的支出（不仅仅是政府支出）都将会导致通货膨胀”。[61]高通货膨胀的再次出现，使这一观点黯然失色，就像它突然变得引人注目一样。

由于无法控制事件的实际进程，所以，经济学家已经不再声称自己提供的分析和预测能比猜测强很多；货币当局只是按照自己的套路行事，却无法充分证明其有效性。显然，如果要充分理解正在行进当中的经济历史，我们就必须从其他的角度来理解它，而不是从组织已有的说明和政策处方的角度来理解它。

CHAPTER 4
第四章

现代货币

“货币把社会权力当作一件物品交到私人手里。”

——卡尔·马克思

THE RETURN OF
INFLATION

均衡的崩溃

当我们承认，经济理论的核心思想与经济生活的现实之间存在明显的不协调时，经济理论的失败就不足为奇了。除了它所颂扬的可疑的个人自由（实际上大多数人为了生存必须服从于其雇主）之外，到了19世纪初，繁荣与萧条周期性发生的模式（现在通常称为经济周期），应该有理由让人们质疑均衡趋势的存在。资本主义的历史是一个在不同的规模上不断变化的历史，其特征是总体经济的扩张和收缩相互交替。

事实上，从19世纪初到20世纪30年代，资本主义经济在1/3到一半的时间里处于萧条状态（取决于这些时期的起止日期，关于这一点，权威人士的意见并非完全一致），大约每十年发生一次经济萧条。[1]随着时间的推移，经济萧条变得更深入、更持久、更具有国际一致性，最终导致了始于1929年延续到20世纪40年代才结束的全球大萧条。正如我们所看到的，虽然曾有那么一段时间，人们相信财政和货币政策可以驯服经济周期，但1973年又重新开启了一个新的经济动荡时期，并于2008年的大衰退和持续多年的滞胀中达到高潮。尽管现代经济学采用"冲击"这一术语来解释，所谓均衡的崩溃是由于经济体系外的不可预测事件冲击了经济机器的平稳运行，但这种崩溃的规律性和系统性特征却表明其必有某些特定的原因。

∵ 扭曲经济体系运行的货币 ∵

经济周期的萧条期极为明确地表明，消费远非生产的最终目的，消费是从属于企业对利润的追求的：不能赢利的商品不会被生产，甚至还会被销毁，就像面对人们的饥饿时厂商销毁食品以提高其价格一样。资本家投资的目的是最终获得比投入的资金更多的金钱。由于投资是为了赚取利润，对劳动力（以及劳动力所消费的商品）和产品的需求取决于投资，因此，利润率（即赚到的钱与投入的钱的比率）的起伏就决定了经济状况的好坏。正如韦斯利 · C. 米切尔指出的那样，这就是为什么经济周期与以货币为核心的商业经济同时共存。[2]

总而言之，货币远不只是一种服务于商品生产和消费的“实际经济”的技术，即使像凯恩斯认为的那样，它会对经济体系的正常运行造成扭曲，但它对资本主义的运行方式却至关重要。正如米切尔所强调的，资本主义社会的特征是“经济活动……主要靠赚钱和花钱来维持。”他强调，这与把资本主义称为市场交换体系是不一样的，他更喜欢用“商业社会”这一术语：

> 只有这个社会的大部分经济活动都采取了赚钱和花钱的形式，商业社会才会发展起来。真正重要的，是组织生产、分配和消费的方式，而不是使用货币作为交换媒介。

这就是为什么很多现代经济活动——比如保险、

房地产投机或炒股，基本上与商品的生产和消费无关。一般而言，用米切尔的话来说，企业“是一个组织，它通过一系列与使用货币所进行的商品买卖有关的交易，寻求在资本投资上实现金钱上的利润”。[3]

其结果是，不仅今天的生产和消费组织与早期社会的形式不同，而且货币也获得了新的特征和形式。值得强调的是，货币是一种古老的社会发明。虽然货币在过去的用途比现在更为广泛——例如古罗马对货币的使用就包括追求利润的投资、大规模贸易和基本的银行业务。但是，资本主义是第一个这样使用货币的社会形式，在这种社会形式中，整个社会的再生产都依赖于货币的使用。

在任何早期社会中，大多数商品都不是通过货币交换而从生产转移到消费的。但在今天，即使是家庭主妇这样无法被货币化的工作（1927 年，米切尔估计家庭主妇构成了“最大的职业群体，其人数是农民的三倍”[4]）也要使用从商店购买的材料，也要用钱来购买和租住房屋。经济学家对“实际”分析和“货币”

分析的区分，反映了这样一种观点，即当今社会从根本上与早期的社会形态没有什么不同，货币只是提高了为消费而生产的永恒循环的运行效率而已。[5]然而，事实上，资本主义的特殊性在于，生产和消费实际过程的连续性恰恰依赖于货币体系的运行。

首先，现代条件下的“交换”并不真正意味着人与人之间商品的相互交换。事实上，大多数商品并不是直接相互交换的，而是先被换成货币。[6]这种交换不仅仅是由交换者的需要或愿望——或者像在一些早期的商品交换制度中那样，由对慷慨或声望的追求来调节的，而是由商品的“估值”或“价值”来调节的，这种价值由特定数量的货币来代表。[7]我选择把钱花在一罐凤尾鱼罐头上，你可能和我的口味不同，但是，无论谁想要这些味道浓烈的小鱼，都必须付出同样的价格——它们的价值，也就是它们所值的价格。这个价格并没有反映出我对凤尾鱼罐头的特殊偏好；用亚当·斯密的术语来说，它是这些美味的交换价值，而不是使用价值。

货币在市场上为商品所提供的价格起着“记账货币”或“价值尺度”的作用。当实际的货币易手时，它充当“流通手段”，如果延迟易手的话，货币充当“支付手段”。此时，这些商品的交换价值就与使用价值分离了，使用价值现在可以被买者消费掉，而交换价值则留在了卖者手中。一种商品经济价值的独立存在，以货币的形式体现出来，它与这样一个事实相对应，即这种商品是专门生产出来卖给别人的，而不是由生产者自己使用的。货币通过为商品世界提供可交易的等价物，使商品在生产者和消费者之间的普遍流动成为可能。衡量卖方财富的不是卖方所拥有的商品，而是通过销售获得的金钱，即出售商品所得的价值：这是他对商品世界的债权。

社会生产当然不需要以货币为媒介的交换，后者是为了使商品流通到最终用户手中才发明出来的。其他社会使用不同的方法来组织商品从生产者到消费者的流动。一方面，生产商品以供销售的做法，是以生产者拥有社会认可的对其商品自由处置的权利为前提的。(相比之下，在20世纪早期的南部非洲桑人社会，被猎人杀死的动物的不同部位可能已经属于特定的亲属，这种义务将群体成员联系在一起，形成了一个生产和消费体系。) 在现代社会，这种权利被明确地写进了由国家强制执行的管理私有财产的法律规则当中。另一方面，虽然现代体系中的商品是作为个人财产生产出来的，但它们在很大程度上是供其他人消费的——实际上，是供任何能够支付其价值的人消费的。生产它们所付出的努力是否算作社会生产的一部分，由它们是否被成功地卖给消费者决定。

1800年左右，古典经济学家将“价值”定义为生产它们所需的劳动。这一观点之所以可取，有以下几个原因。它将市场交换与社会分工联系了起来，而社会分工的扩展似乎是新兴的现代社会的一个关键特征，它解释了一个社会体系是如何通过个人财产所有者的行为而得以维持的，每一位个人财产所有者都追逐自己的利益。这样看来，交换关系作为个人利益和普遍利益的统一体似乎是有意义的，因为一个人对社会的劳动贡献使他有权以产品的形式获取等量的他人劳动。从这个角度来看，它与关于人（法律上）基本平等的新观念相联系；与人们拥有自己的身体能力（因此，在17世纪就已经有了一种对古代奴隶制做法的矛盾态度，这在约翰·洛克这样的社会思想家的作品中可以看到）相联系；与反对以地位或传统为基础对社会产品拥有索取权（例如反对土地的所有权，而不是反对耕种土地）相联系。

这种“劳动价值论”方法存在的一个问题，也是马克思所强调的一个问题是，它把生产不同种类商品的不同劳动在数量上直接进行比较——因为同一种东西的“价值”量是由货币衡量的——这些劳动似乎是同一种东西的不同样本。[8]但是，马克思所说的“具体”劳动是由许多特征来区分的，除了活动种类上的差异之外，还包括技能含量、危险程度和声望高低等特征的差异，这使得劳动数量的比较要么是不明确的，要么是有争议的。这有助于解释，为什么直到资本主义社会出现之前，欧洲各国的语言中还没有“劳动”这个涵盖各种生产活动的一般范畴的词语。[9]马克思认为，只有商品与货币交换的实践才能使商品数量化；通过给商品赋予一个货币价值，即一个价格，我们可以使它们在价值上具有可比性，把它们从物质差异中抽象出来。用杰弗里·英厄姆的话来说，“货币记账……是把理发师的工作转换成农民的工作的手段”，从而生产出（或者，正如当代学术用语所说，社会建构出）劳动的抽象版本。[10]这种抽象不仅仅是概念性的（不像人类用“动物”这个概念囊括甲虫和麻雀那样）：用商品交换货币的做法，将所有权从一个人转移到另一个人手中，这不仅在交换者之间产生了一系列关系，还在生产者和消费者之间产生了一系列关系，因为商品是专门为交换而生产的。为了实现这一目标，货币必须不仅仅是“一般劳动”概念的象征。

正是拥有了货币本身，我们才有了进入商品世界的途径——即使货币只是一张纸，也不会影响它的这一功能。因此，“货币把社会权力当作一件物品交到私人手里”。[11]同时，生产活动的社会性质，也由于商品的价值而变得模糊不清。一条面包的价格并不能明确地表示面包房工人与那些一起做面包的人之间的关系。当我们把生产和交换体系作为一个整体来考虑时，我们会记得，在这个体系中，商品是作为价值而生产出来的，并且要用货币来加以实现。

但是，到底该如何解释这种历史上独特的社会生产和消费组织体系呢？为什么首先要发明社会劳动的物质表现形式呢？其中的部分原因，在于生产的个体性、私人性，这种生产是在没有事先与可能的消费者协商的情况下进行的，所以生产过程的社会性就表现为货币的可交换性。另一部分解释（与第一部分社会历史联系在一起）始于这样一个事实，即生产商品的“人”在很大程度上不是实际在生产商品的人，而是后者的雇主；在今天，一般来说，法人、公司才是合法的生产者，也是商品的所有者。这当然不是第一个一部分人为其他人工作的社会：在历史的大部分时间里，社会的一部分劳动和产品是由习俗和权利（由国家、父母或地方领主规定）提供的。（当然，除了奴隶自己的消费之外，奴隶们的产出是属于其主人的。）但是，这种历史上独特的社会生产和消费组织体系是第一个通过货币流通来控制工作时间和产出的社会体系。

在资本主义出现之前，世界各地的人们既生产自己消费的商品，也生产那些被各种各样的领主和主人从他们手中夺走的商品，这要归功于领主和主人所拥有的土地、工具和其他资源。在这种情况下，货币交换只能是经济生活的一小部分。在欧洲，（占人口绝大多数的）农业生产者拥有使用土地和其他生产资料的各种传统权利和义务，他们要么被赶出土地，要么转变成为佃农，这一过程持续了好多个世纪，为商业经济的出现奠定了基础。自给自足的生产越来越多地转变为对提供给制造商的原材料的生产，这些制造商雇用新失去土地的人作为劳动力，将这些原材料转化为可销售的产品。许多城镇发展成为制造业和商业中心。随着商人扩大经营，他们要为生产进行融资，曾为中世纪商人和贵族提供服务的放债人摇身一变成了银行家，组织货币通过市场流向生产中的投资项目，于是，货币转变成了资本，商业投资的发展以实现利润为目标而得以推进。到了 16 世纪和 17 世纪，这个体系已经扩展到欧洲以外的地方，从美洲、非洲和亚洲各地开采自然资源，使用契约奴役制度，然后是推行奴隶制，为迅速扩大的市场体系生产更多的商品。

在这一过程中，货币逐渐成为土地所有者占有生产性劳动成果的主要形式，土地所有者从雇用工人为不断扩大的市场生产作物的农场主所赚取的利润中收取一部分作为租金。与此同时，劳动能力（18 世纪哲学家认为这是商品所有权的基础）成了一种可以卖给雇主的商品，雇主可以把劳动能力与人们工作所必需的材料和工具结合起来。根据市场上商品与货币的平衡关系，不同种类的活动均被转化为“劳动”，与此同时，（曾经被束缚在特定的土地和传统生产义务上的）没有土地的劳动者也转变成为一种抽象的“劳动力”，可以从事雇主所需要的任何工作。

随着这种社会安排的出现，货币作为交换媒介，成为生产者和他们的产品（雇主的财产）之间的障碍：受雇的劳动力作为一个整体，被要求为购买他们自己生产的一部分产品而工作。货币是劳动力自身再生产所需要的商品价值的表现形式，而这些商品之外的剩余产品也以货币的形式流入个体企业手中。在大多数情况下，工人挣来的钱全部花在了他们的再生产上（包括通过个体家庭进行的整个工人阶级的再生产），很少能积累起来。相反，当生产的产品售出时，雇主为生产进行融资的货币会以盈余的形式回到雇主手中；因此，他们作为财产的主人和雇主的地位，就像工人为了继续生活而需要就业的地位一样，被重新创造了出来。

由于所有的收入都是以换取某种商品或服务的货币的形式出现的，所以，雇主和雇员之间的工资关系，看似只是法律上平等的许多交换关系中的一种，实际上是资本主义体系的核心。矛盾的是，“实物交换经济”本身是由货币流动构成和调节的，这一事实允许货币流动作为物品所有者之间交换系统的补充而存在。

在这种情况下，货币在这一体系中的中心地位使得那些生活在货币框架下的人很难理解它——经济学家和其他所有人一样，都很难理解它。

货币的生产

资本主义的产生利用了中世纪社会中就已经存在的货币。费尔南德·布罗代尔通过一些现象描绘了这一发展的大致轮廓，比如商人与买家之间互动的定期展览会数量的增加；欧洲商人与亚洲香料和其他商品贸易商之间的贸易往来；以及意大利和北欧的政治实体雇用雇佣军。[12] 货币的主要材料是黄金和白银，这些材料由政府铸造成标准重量的铸币，因而具有标准的价值。

正如第一章所讨论的，铸币的使用带来了其金属成色的下降和贬值，使铸币逐渐变成了一种象征符号。正如我们所看到的，这预示着使用国家发行的象征金属铸币的纸币的诞生。随着纸币的广泛流通，商品货币的一个更重要的替代品出现了——当与政府或准政府机构（国家或中央银行）联系在一起时，承诺其支付表现“像黄金一样好”的法定货币就诞生了。

∵“野蛮的遗迹”：黄金∵

19世纪中期，商品货币已经显示出其自身不足以满足一个容易出现大范围扩张和收缩的经济体系的需要。这一教训内在地产生于英国为满足战争融资需求而暂停货币兑换的做法，但之后的半个多世纪，人们并没有吸取这一教训。

金块主义者认为，货币供给应受银行体系的黄金持有量的限制，这一观点在英国首相罗伯特·皮尔（Robert Peel）1844年的《英格兰银行条例》中得到了体现。该条例在很大程度上限制了英格兰银行发行纸币的权力，英格兰银行的纸币在数量上受其持有的黄金所限制。就像金块委员会早期的工作一样，这一条例是对价格变动的回应，也就是对伴随着1825年和1836年经济危机价格崩溃的回应。李嘉图的科学权威支持了这一观点，即认为通货膨胀和价格下跌（以及经济收缩）都是由市场上货币数量和商品价值之间的不平衡造成的。

然而，其结果却是1847年和1857年两次危机的进一步恶化，当时，英国海外黄金的流失和国内纸币的囤积造成了货币短缺，从而推高了利率。在这两种情况下，政府不得不暂停施行《英格兰银行条例》，允许扩大货币供给，从而满足商业上的需要。[13]

一战后，英格兰银行重新回归金本位制，要求降低物价和提高利率，从而使整个国家陷入萧条。[14]正是这种现象使得凯恩斯把黄金称作"野蛮的遗迹"。尽管凯恩斯赞成由全球中央银行发行国际信用货币（称为"bancor"），但布雷顿森林协议却建立了一个折中的方案，即确立了黄金汇兑标准。在该标准中，美元与贵金属一起充当国际储备货币。最后，在1971年之后，世界放弃了商品货币，转而采用以中央银行发行的信用货币为基础的体系，这种体系仍然由美元主导。与金本位制一样，布雷顿森林体系被证明与战后时期的经济和政治压力很难相容，因为国际资本流动与国家利益存在冲突。[15]

区分银行信贷货币和国家发行的纸币的一个重要特征（两者经常被混淆，特别是“法定货币”一词，通常两者皆可使用）是，前者明确建立在政府债务的基础上。（这就是罗斯福在1938年对印美钞和发行受国债限制的纸币所做的区分。）正如经验一再证明的那样，由通常使用商品货币的国家所发行的不可兑换纸币，很容易出现过度发行的情况，因为政府抵抗不住通过开动印钞机来支付账单的诱惑。

正如马克思所指出的那样，超过商业交易所需的金属货币离开流通领域并被囤积起来，是为了把其价值贮存起来，却破坏了货币数量论。货币数量论假设几乎所有货币都会处于流通之中。但是，不断注入流通中的纸币只会相对于黄金、其他货币和可售商品失去其价值。这就是发生在法国大革命纸券上的事情，法国革命政府发行的债券远远超过了应该用来支持它的土地销售量，同样的事情也发生在德国马克上，当时的德国政府为了偿还战争债务，无所顾忌地随意印制马克。在这种情况下，纸币是黄金（或以黄金计价的土地）的象征，而黄金仍然是货币体系的官方基础，因此，越来越多的纸币所代表的货币商品越来越少，纸币的价值也就越来越低。正是这一点，使得货币数量论似乎被这些经验证明是正确的。相比之下，就像今天的美元，中央银行发行的信贷货币数量若与购买政府债券的数量相当，理论上是可以用未来的税收偿还的。

我们可能很难沿着这个过程运行下去，因为美元体系似乎是一个巨大的空中楼阁。（联邦储备券是中央银行的借据，但这种债务只能用更多的联邦储备券来偿还。）吊诡的是，美元的生产者——美国政府，它自己并没有货币（除了通过租赁公共土地等方式获得的收入）。它通过税收和借款来筹集资金，以满足政府的开支。税收是相对直接的——政府通过法律从私营企业体系中提走了它们的一部分收入。由于国家的存在依赖于以商业为基础的制度体系，所以，在正常情况下，它将限制政府在生产周期中攫取的货币份额，以维护有利可图的销售；我们可以把政府看成商人，把这些货币份额看作从年利润中扣除的部分。工资也是要纳税的，但如果我们把工资看作工薪阶层因其工作回报而取得的国民收入的一部分，那么很明显，作为税收被征收的金额原本也是该被雇主保留下来的。

考虑到税收负担必须被限制在不影响企业维持经营能力的范围内，所以，当政府需要大量资金时，它就得向私营部门借款；在紧急情况下，政府也会向其他政府或国际政府间联盟（如国际货币基金组织）借款。财政部是管理政府财政的部门，它会效仿私营企业，通过出售债券来借款。这些债券得支付利息；债券的价格是证券市场利率的函数。其抵押品是国家收取的税收再加上进一步的借款，这些税收提供了利息和最终应该支付的本金的资金。因此，整个货币体系的基础是美国政府的债务，对于以美元作为主要储备货币的世界货币体系来说也是如此。

首先，这些债务的价值是由美国国债市场的庞大规模维持的，2020年初美国有17万亿美元的未偿还国债。因此，在正常情况下，它们可以在不影响价格的情况下被出售。[16]这是美元作为世界各国央行持有的储备货币在全球经济中所发挥的核心作用所致，这一点反映了美国经济的霸权。[17]最终，这依赖于整个世界经济的持续运转。[18]

由中央银行发行的通货实际上是通常所说的货币（“广义货币”）的很小一部分。这些钞票是由美国铸币局发行给美联储的。从那里，它们再进入到作为美联储成员的商业银行中去。从技术上讲，它们是美联储的负债，是成员银行向经济体系发放的贷款。它们的价值是由美联储质押的金融资产保证的，这些金融资产是美联储在公开市场上购买的抵押品——国债和联邦抵押贷款机构的抵押证券。正如刚才所解释的，国债是由可征收的税收支持的；而抵押证券是由抵押房地产的价值支持的，实际上是由抵押贷款支付的现金流支持的。正是流入联邦政府的收入，保证了联邦储备票据的价值。

大部分资金（约 97%）都是以银行存款的形式存

在的，这相当于商业银行向企业和个人发放的贷款总额。[19] 正如第一章提到的，通过放贷，银行创造了更多的货币（同样的道理，当贷款被偿还时，货币就被毁灭了）。因此，当企业借钱购买原材料，并在几周或几个月后偿还贷款时，货币在这个过程中被不断地创造（和毁灭）；家庭的贷款则要在几十年内还清；信用卡账单会扩大和收缩；政府会通过借贷来满足开支；而投机者会借钱购买资产，以备将来出售（或用作进一步借款的抵押品）。

这是一种持续运行的社会制度，在这种制度下，企业对货币利润的追求支配着生产和消费，因此，生产的社会性质需要用商品的货币价格来表示，这就赋予了货币作为商品价值表现形式的实质。马克思对现代市场制度发展过程中货币起源的这句话，也可以用来描述正在进行的、发达的资本主义经济中货币的实际情况："货币结晶是交换过程的必然产物，在交换过程中，各种不同的劳动产品事实上彼此等同，从而事实上转化为商品。"[20]

∵ 通胀并非“货币现象”∵

20世纪前的经济学家认为货币必须是一种商品，这是一种错觉。这在一定程度上是因为资本主义是一种以物易物的经济使然，这种经济建立在拥有财产的个人之间彼此交换商品和服务的基础之上。从这个观点来看，货币似乎是最容易交换的商品。[21]此外，正如我们所看到的，金或银的物质实在性似乎保证了货币价值的实在性，阻止了印钞机通货膨胀能力的发挥。

但是，一方面，人类社会不断地陷入通货膨胀，以及金本位制的终结表明，商品货币在严重压力下无力保障资本主义制度的运行。另一方面，正如马克思所预见的那样，信贷是资本主义的货币，特别适合于动态的经济体系。货币供应不仅必须收缩和扩大以满足流通的需要——因此，与货币数量论完全相反，货币供应的数量是由随时在交换的商品的价格决定的。而且，它还必须为货币的汇集和金融的细化提供工具，通过股票市场把银行信贷转变为更加疯狂的金融衍生品（对基础资产价值进行投机的金融合约）。由于黄金和白银只是“财富的社会性质的独立体现和表现”，所以，“同样作为财富的社会形式的信用，排挤货币，并篡夺它的位置”是自然而然的事情。[22]

与商品货币不同，信用货币本身的价值可以忽略不计，它的价值仅仅在于它所能买到的东西——它是由商品的价格决定的。正如邓肯·弗利（Duncan Foley）所观察到的那样，由国家债务构成的货币就像商品货币“与生产出来的商品相交换”一样在“被交换”，因此货币的价值和数量自然要受到这些交换的限制，因为它只是整个经济系统中的一个元素，尽管它具有独特的功能和地位。[23]因此，通货膨胀——物价水平的普遍上涨并不是一种“货币现象”，而是商品生产和交换系统整体运作的产物。

价　格

资本主义雇佣员工的目标是最终以高于生产成本的价格出售商品，这就给雇主施加了压力，迫使他们尽可能少地为工具和原材料支付费用。反过来，这些商品的生产者也必须努力提高他们的生产效率，因为他们通过将生产所需的时间减少到社会规范和技术状况所允许的最低限度，来减少为员工在生产上花费的时间支付的报酬。工人所消费的商品的生产者，也无不如此。

所有雇主（基本上）都竭尽全力，力图支付刚好满足工人再生产自己所需的最低工资，最低工资将由工人的预期与他们所消费商品的价格之间的交汇点所决定。最后，你只要稍加思考就会发现，很明显，如果我们假设平均工资足以再生产劳动力，那么，在生产与工资等值的商品所需的时间之外再花费在工作上的时间，作为产出成本的一部分，是整个经济系统的利润空间。

所有这些原材料和经济活动，都是用货币支付的。由此产生的原材料和新生的劳动力依照相同的方式，也将具有货币价值，从而使所有商品都可以作为一个连续过程的要素而彼此转换。在这个过程中，各种工人的以工资为目的的生产活动，通过销售生产活动生产的产品，取得用于重建该过程的货币，从而回报给投资于这一过程的雇主，雇主通过购买更多的劳动力和原材料来扩大这一过程。也就是说，商品和劳动力的货币价格，也即该生产体系的要素的可供决策的形式，决定了该体系为满足投资者赚取利润的需求所需要的投入和产出数量；反过来，最小化成本以最大化利润的要求，限制了所有要素的价格。考虑到劳动类型的异质性，我们无法构建出将实际生产时间转化为货币价格的公式；相反，买卖双方努力使其经济利益（以货币计算）最大化而进行的相互价格调整，提供了生产者之间以及生产者与消费者之间关系的唯一可得的表现，这些关系构成了作为经济系统的社会的基础。[24]

由于货币体现了构成资本主义经济的独立企业所管理的生产活动的社会性质，所以，它也可以用来整合资本主义经济的那些非生产性的要素，比如土地和其他自然资源等。因此，汽油价格的一部分支付给了生产石油的那些土地所有者，就像在资本主义初期，拥有土地的贵族能够从农场主出售他们雇用的农业工人生产的产品所赚的钱中抽走一部分一样。虽然货币没有价格，但使用它必须付出代价：使用别人的货币需要支付利息，就像使用别人的土地需要支付地租一样。这提供了一种为没有内在价值的物品定价的方法，比如企业（和政府）为筹集资金而出售的债券，这些债券的价值大致相当于按现行利率贷款所产生的债券回报。这些物品的价格由供求关系决定，还可能会随着总体经济状况而大幅波动。

作为独立的决策者，企业家们彼此之间是潜在的竞争者。在定价过程中，他们努力将超过劳动生产力再生产成本的剩余部分从其他企业转移到自己的企业。如果炼油商可以抬高汽油价格，而其他行业没有汽油就无法运转，那么其他企业可能获得的利润就会流向石油公司。企业还通过提高劳动过程的生产效率来相互竞争，这既可以通过让人们在同样的工资下工作得更辛苦或更长时间来实现，也可以用从长远来看降低成本的机器取代工人来实现。

事实上，这是资本主义作为一种经济制度的最重要的长期特征之一，它带来了生产能力的巨大扩张，而相对于产品数量，所需的劳动力则会大幅减少。由于这通常是通过用机器代替劳动力来完成的，所以，这也就意味着与对原材料、机器和各种设施的投资相比，对劳动力的投资减少了。这种普遍努力的一个意想不到但有益的影响是，在生产消费品的行业中，提高生产率可以让工人（至少在一段时间内）享受到一个恒定的或不断提高的实际生活水平，即使工资占社会收入的比例下降（从而使更多的社会工作日花在了生产雇主的产品上），情况也是一样的。

随着资本主义在 19 世纪的发展，每个企业通常都试图以这种方式降低其产品的价格，以取得更大份额的社会支出。由于这一目标激励了所有经济领域的商业人士，所以，我们可以预期，只要产品类型没有显著变化，价格就会随着时间的推移而降低，即趋向于通货紧缩。与这种长期趋势相反，我们必须考虑到不断变化的供需平衡所产生的效应，这种效应受到了经济周期对各种产品的强烈影响。事实上，在一个半世纪的工业资本主义的发展过程中，典型的价格变动模式是，在企业繁荣扩张时价格上涨，在扩张转为收缩时价格下降，经济周期内的平均价格趋于下降。最大的例外是战争时期，当政府试图在不增加生产的情况下支付战争费用时，才有可能导致通货膨胀的爆发。

追踪通货的数据

自资本主义时代开始以来，关于通货膨胀和通货紧缩的讨论一直都没有中断过，但人们对国内和国际层面的价格走势却没有真正的、系统的了解。正如我们所看到的，这几乎也很难阻止得了有关货币和物价经济学的自信言论不断涌现。19 世纪是这类经济学知识的发端之时，专心于此的学者通过搜寻各种各样的资料来源，建立了不同种类商品价格的数据系列。除了使用并未考虑过创建数据这一问题的资料（例如一个国家不同地区的粮食价格或工资记录）创建历史数据原本会产生的问题，还有一个以产品质量和数量不断变化为特征的经济制度所引起的概念性问题。

与早期的社会形态不同，资本主义包含了新产品种类的不断产生和现有产品种类的不断变化。我们比较手工纺的棉线和机械纺纱机生产的棉线的价格似乎是没有问题的，但我们该如何将合成腈纶纤维取代天然纤维（如棉花）所带来的服装价格变化概念化呢？西红柿的成本可能会因为水果行业的发展而降低，因为该行业的发展可以使水果很容易地在未成熟的情况下运输，但若是考虑到味道的变化，那么，我们实际上到底是在谈论同一种食物的价格变化，还是在谈论一种更便宜的东西取代了一种不同的、更昂贵的东西呢？当政府开始创建跟踪通货膨胀和通货紧缩的信息时，这些问题就成了很现实的问题。

∵ 美国 CPI 的历史 ∵

今天，公众对通货膨胀和通货紧缩的考虑大多参考的是消费者价格指数（CPI），它追踪的是消费者购买的一篮子商品和服务的价格变化。其他通货膨胀指标衡量的是各国国内生产总值（所谓的国内生产总值平减指数）的变化，甚至是世界平均水平的国内生产总值的变化；各个国家还制定了生产者价格变化的衡量标准，生产者价格是根据商品在生产的每一个阶段的价格来衡量的，在每个阶段，产品得到销售，是为了用于进一步的加工或消费。由于没有绝对的价格标准，所以，这些变化是以某一时刻的价格为基准来衡量的；人们似乎认识到当代经济学中缺乏价格概念的基础，所以，这些价格被称为“实际”价格，与之相对的是“名义”价格。所有这些指数都需要决定需要考虑哪些商品，需要在什么时候把某些商品视为相同商品，以及在试图创建整个经济的数据图景时，需要给不同类别的商品赋予什么权重。对价格本身的详细说明并非那么直截了当的事，就像下面这个关于生产者价格的小小例子：

即使几家企业对相同的商品收取相同（或不同）的价格，但真实价格（或价格差异）也可能不会被披露出来，因为特别费用、回扣等都是经常发生的事情。对此必须要补充的是，当企业生产种类繁多的商品时（例如钢铁，据报道它有 1 万多种不同的商品，其中大多数的价格都有所不同），以及当每个客户购买的数量差异很大时，最容易发生价格歧视行为。因此，大型汽车生产商获得的“钢铁”价格（波动范围和频率不同）与地区性小型建筑商购买“钢铁”的价格大不相同。因此，衡量钢铁价格的方法很难有效构建出来。

此外，由于“构成国民生产总值平减指数的大多数个体价格来自包括消费者价格指数和批发价格指数组成部分在内的来源，因此对该指数的构建在质量差异、新产品出现的频率等方面也受到同样的限制。”[25]

除了这些一般性问题之外，通货膨胀指数还反映了更广泛的经济和政治趋势。美国 CPI 的历史就提供了一个有趣的例子。1888 ～ 1890 年，新成立的联邦劳工局对家庭支出和零售价格进行了研究，首次尝试创建了 CPI 这样一个指数。该局是进步时代美国试图管理快速发展的资本主义的产物，其宗旨不是对经济运作做出学术上的理解，而是“收集有关劳动主体、劳动与资本的关系、劳动时间、劳动男女的收入以及促进物质、社会、智力和道德繁荣的手段的信息”。[26]例如，1903年，无烟煤委员会（Anthracite Coal Commission）在对矿工罢工进行裁决时，就使用了联邦劳工局的数据，在这次罢工中，联邦劳工局的数据证明了加薪是合理的。

一战呼吁建立生活成本指数，作为旨在维持生活水平的战时工资政策的基础；当时的美国劳工统计局（Bureau of Labor Statistics）研究了1.2万个家庭的消费情况，这些家庭是根据他们的工资收入来划定阶层的。同样，在20世纪30年代的大萧条时期，美国劳工统计局的研究旨在发挥“促进劳工利益”的作用。[27]然而，在二战期间，随着新兴产业工会在战时政府开支的情况下要求在大萧条后增加工资，CPI就被援引过来用于设定工资上限。在这一时期——事实上，直到20世纪60年代，CPI衡量的都不是一般消费品价格的变化，而是“生活在大城市的工薪阶层和低收入工人家庭通常购买的商品的价格变化”。[28]（此外，在其历史上的大部分时间里，CPI的研究都将单身工薪阶层和非白人排除在外，就像黑人工人通常不在新政计划的覆盖范围内一样。）这一群体在战后仍然是调查的重点，因为CPI数据成了工会工资协议谈判的基础，尤其在汽车行业。20世纪60年代，随着政府对养老金、医疗保健、残疾、退伍军人计划和家庭福利的转移支付的扩大，这些支付也与CPI挂上了钩。CPI研究的群体从45%的美国人群扩大到80%的美国人群。

随着经济增长放缓和通货膨胀加速，不仅立法者，还有许多经济学家也开始认为，CPI夸大了通货膨胀率，从而不必要地提高了政府开支和工资结算水平。1978年，CPI按照新的理论建议进行了全面调整，官方公布的通货膨胀率也成功地随之降低。其中最重要的变化，是从追踪一组固定商品的价格，转向追踪消费者的“效用”——因为消费者的偏好会随价格变化而变化。如果牛肉变得如此昂贵，以至于买家转而购买猪肉，那么根据美国劳工统计局收集的价格，牛肉就会被猪肉取代，其理论依据是这样可以保持消费者的“满意度”，从而定义一个恒定的“真实”生活水平。

∵ 透过迷雾看趋势 ∵

“享乐定价”（hedonic pricing）的发明，即一件商品的不同方面被赋予自己的想象价格，使得我们可以根据其一件商品属性的变化而重塑其成本，从而达到统计的目的。例如，如果在实际价格保持不变的情况下，商品的某些质量维度有所提高，那么这在统计上被视为该商品变得更便宜了。另一个奇怪的变化是，住房成本之前是由租金数据表示的，但之后这些数据却被自有住房成本（包括抵押贷款和房价）所取代。后来，随着房价飞涨，住房成本被重新计算为房主在没有房子的情况下必须支付的租金。正如两位专家所解释的那样，“用租金指数来表示使用房屋服务的成本，可以更好地衡量普通消费者的生活成本变化，特别是在住房成本和住房融资急剧变化的时期。”[29]

所有这一切都是在说，用来衡量通货膨胀和通货紧缩的各种统计数据序列的基础概念，不仅随着时间的推移经历了重大的修改，对那些冗长的数据序列的意义做出了限制，而且那些基础概念充其量只是高度近似罢了，在很大程度上还相当地具有误导性。正如奥斯卡·摩根斯坦所指出的那样，很难想象“经过如此多的步骤、操作、计算等之后，所有这些还都基于大量的理论，由此得出的数字不应该是正确的、没有错误的……但是，认为像‘价格水平’变化这样复杂的现象（它本身就是一种英勇的理论抽象），在目前能够达到如此精确的程度（官方消息来源和新闻报纸给出的数字精确到千分之一），这种想法仍然是荒谬的”。[30]因此，他建议我们，少去关注官方指数所提供的那些具体的数字，而要关注透过统计迷雾观察到的大趋势，这些趋势往往是那些必须在不断变化的经济中寻求生存的商界人士和劳动人民所直接感觉到的。

尽管如此，就这样的可以构建出来的数据序列而言，我们发现，在资本主义历史的前半段，价格的预期下降趋势在 19 世纪中叶之后的资本主义工业化大发展时期是非常明显的，当时，农业和工业的机械化已经开始蔓延到世界各地。在熊彼特的总结中，“直到 19 世纪末，物质产出的扩张都伴随着价格的下跌、劳动力的普遍失业和商业上的亏损”，因为无力参与竞争的公司要倒闭出局。[31] 我们在美联储明尼阿波利斯分行提供的数据中发现了基本相同的价格图景，该分行的经济学家构建了一个数据序列，描绘了从 1800 年至 2022 年美国的生活成本。根据他们的估计，直到 20 世纪 20 年代，除了 1812 年美英战争、南北战争和一战前后的三个战争时期外，平均生活成本一直在稳步下降；在此期间，消费品的价格也在稳步下降。[32]

然而，二战以来的这段时期却出现了我们已经注意到的确定无疑的变化趋势，那就是持续的通货膨胀，偶尔还会出现大幅的价格上涨。英格兰银行的统计学家也给出了类似的解释，他们指出：“过去 50 年里，物价上涨的速度超过了 1694 年以来的任何一个类似的时期；从 1694 年到 1948 年，物价指数增长了两倍，但自那以后几乎增长了 20 倍。”[33] 劳动生产率在二战后继续得到了提高，因此物价普遍下降原本应该是预料中的事情。

事实上却恰恰相反，物价平均而言一直在上涨，有时甚至还是大幅上涨。显然，二战后世界资本主义发生了一些根本性的变化。如果这不仅仅是金本位制终结所产生的副作用，甚至不是金本位制的幽灵——布雷顿森林体系的终结所产生的副作用，那么，战后的通货膨胀趋势又该如何解释呢?

CHAPTER 5
第五章

价格与利润

今天，我们生活在一个不同的世界，一个信贷的时代，正是金融创新和宽松的监管，打破了这种联系，使得信贷在宏观经济中的作用获得了前所未有的加强。

——莫里茨·舒拉里克和艾伦·泰勒

货币的故事

我们已经注意到货币故事的一个重要方面，尽管它似乎与价格水平的机制相距甚远，这个方面就是，政府不愿意冒失业和贫困所带来的社会和政治风险。

∵ 大萧条时期前的“暴力”∵

19世纪，当社会动荡无法通过移民（通常是去美洲）来消除时，似乎还是可以通过暴力加以控制的，也就是通过惩罚（通常是绞刑）那些因赤贫而违反私有制法律的无产者来做到这一点；也可以通过强迫那些会带来麻烦的群体迁移（到澳大利亚、西伯利亚或其他地区）了事；还可以通过军事镇压更广泛的运动来达成控制的目的。

拿破仑战争结束时，英国民众的不满情绪极大，其血腥的结局被称为“彼得卢屠杀”，1844 年的西里西亚纺织工人起义也被武装力量镇压了，1871 年的巴黎起义则在巴黎公社夺取了政府时达到了高潮。这最后一颗炸雷激起了各地统治阶级的恐惧。例如，在美国，由于担心 1877 年铁路工人的大规模罢工转变成阶级斗争，全国各地的城市都开始建造起了军械库，组建起国民警卫队，为斗争做好准备。同样的推动力也在国际上发挥了作用：1917 年的俄国革命就受到了欧洲和美国等军事力量的影响。同样，1919 年苏俄发生的事件[一]似乎延伸到了欧洲，但无论是德国的社会民主党还是匈牙利的法西斯主义政府，都使用子弹镇压了这些事件。

直到大萧条时期，暴力几乎从未从政治舞台上消失。在美国，1932 年有 2 万名贫困的退伍军人在华盛顿特区示威，要求提前支付承诺给他们的奖金，结果

[一] 指的似乎是苏维埃俄国于 1919 年在乌克兰击败共和国军南俄武装力量，并在西伯利亚击败亚历山大·高尔察克的武装。——译者注

遭到了警棍和机枪的袭击和镇压。但是，大萧条所造成的经济灾难的规模，工人们日益增长的战斗性，以及对作为战争先决条件的社会团结的需要，都表明了其他方法的明智性；而且在所有主要资本主义国家中，政府都希望通过福利制度和提供就业岗位的方案来缓解这类社会痛苦。

以德国为例，正如罗伯特·帕克斯顿（Robert Paxton）所观察到的："由于 1918 年的革命，第三帝国愿意做任何事情来避免出现失业或粮食短缺的现象。"[1] 如前所述，与一战后的情况相反，二战后对经济萧条卷土重来的担忧，加上冷战的到来，都使政府支出居高不下。就货币政策而言，正如巴里·艾肯格林所言，"对充分就业和增长的承诺是战后社会契约不可或缺的一部分"，排除了"在金本位制度下对国际收支赤字的通货紧缩央行政策的纠正。"[2]

真正的考验出现在 1973 ～ 1975 年，在 30 年的经济黄金时代之后，严重的经济衰退卷土重来。正如第二章所讨论的那样，各国政府的反应表明，它们不愿意让全面萧条再次降临，因为萧条的后果是企业破产、银行倒闭，以及广泛的、可能长期存在的失业。

凯恩斯主义的方法远没能做到对经济进行微调以达到繁荣的境地，也没有击败经济周期，但它们可以限制其对经济和社会的影响。在这样做的过程中，它们也阻止了资本主义早期历史上的萧条充分发挥其作用，从而创造了重新走向繁荣的可能性。虽然这是"经济周期"思想中的题中应有之义，但这可能还是需要给出一些解释。

正如我们所注意到的，在商业社会中（引用W.C. 米切尔的话）"企业生产的有用的产品不是努力的目的，而是获得利润的手段"。因此，经济状况"取决于影响当前或未来利润的因素"。[3]尽管现代社会与经济学的教条彼此冲突，但只要稍微思考一下，这一点就显而易见了。[4]（凯恩斯在重复这一教条的同时，也将投资和经济增长看作对"资本边际生产率"的回应。）这表明，尽管经济衰退是由资本盈利能力的下降造成的，但随之而来的衰退必定会以某种方式为盈利能力的复苏创造条件。显然，要想让这种猜测取得成功，我们必须对决定盈利能力的因素有所了解。

古典主义经济学家相信，随着耕作范围扩大到不那么肥沃的土壤上，农业生产率的下降将不可避免地导致工资的上涨，他们预测，利润率和投资将随之下降，直到社会进入“静止状态”。凯恩斯试图将古典主义的关注焦点重新放在国民收入的生产和分配问题上，他通过把资本投资收益率的预期下降加以一般化，从而做出了类似的预测。一方面，这两种方法除了所面临的其他困难，还都不能解释经济波动的周期性特征。

另一方面，虽然在数学上更加复杂，但非凯恩斯主义的新古典一般均衡范式却并没有提供“关于资本、利息（在新古典理论中取代了利润的地位）或它们与均衡价格的关系的优良理论”，哪怕是对经济方法论只是略有涉猎的学生也会承认这一点。经济学家“不明白为什么利率通常是正的（因此也不明白资本主义是如何运作的）……不清楚大规模的技术变革将会如何影响工资和利息，或者利润率的变化将会如何影响创新”。[5]因此，这一传统理论几乎没有给出什么令人满意的经济周期理论，也就不足为奇了。[6]

经济周期理论的当代方法在很大程度上依赖于“冲击”这个概念，这些冲击是由考虑不周的货币政策、战争或者流行病等事件而意外造成的，是这些事件导致经济脱离了均衡。因此，每次经济波动往往都有一个特定的解释，却没有对这种反复出现的现象的一个通用的解释。[7]

米切尔在他对经济周期的毕生研究中避免对之予以理论上的形式化，他将“构成危机和萧条的反复出现的失序”归咎于商界人士在“引导经济活动”时所面临的“任务过于复杂”。[8]这种方法既不能解释此类事件的定期复发，也不能解释经济周期现象随着时间的推移似乎发生的结构性变化。鉴于普遍缺乏对资本主义动态过程的基本了解，经济学家在预测和控制经济事件方面的失败记录，也就不那么令人惊讶了。

∵“房间里的大象”∵

当然，“房间里的大象”是马克思对利润率随着资本主义经济发展而下降的趋势的预测，这一经济理论有一个吸引人的特点，即根据资本主义作为一个体系的已知特征，它解释了繁荣和萧条循环反复出现的现象。马克思认为，货币是社会生产活动的代表，作为竞争性成本削减的一部分，更多机器参与到这种生产活动中来，意味着与体现在技术中的劳动力和原材料数量的增加相比，真正的劳动力减少了。因此，相对于总投资，利润（即超过生产工人消费的和生产过程中使用的商品的生产活动所需资金的货币代表）预期就会下降。也就是说，组织效率和机械化程度的提高，劳动生产率的提高导致了价格的下降，但同时也意味着利润的普遍下降。[9]

马克思的假设关注的是剩余劳动时间，它体现在商品与货币的交换中，在整个世界经济中都发挥作用；作为经济实体之间竞争性斗争的对象，代表剩余价值的货币以利息、租金和税收的形式存在，也以马克思所说的“工业利润”（即个体企业所要求的回报）的形式存在。然而，它的数量变化使资本主义企业攫取到的利润受到了限制。它的下降最终将表现为投资放缓，从而导致对工人的需求减少，因此对工人的消费品以及对投资品的需求也会减少。随着销售开始减少而不是扩大，人们不再能支付得起账单；信贷开始紧缩，这就产生了经济衰退所特有的金融困境，如股市崩盘、银行倒闭等。失业率的上升和企业的倒闭，又导致需求进一步下降，价格进一步下跌。

另外，由于生产产品和劳动力都变得更加便宜，而且劳动生产率继续保持不变，或者通常情况下甚至还有所提高，所以，幸存下来的企业的盈利能力就会上升，从而产生新的增长态势，最终会产生新的信贷供给。就这样，萧条本身为新的繁荣创造了基础。从这个角度来看，从20世纪20年代持续到二战结束的全球经济低迷，为战后的黄金时代铺平了道路。马克思的观点是高度抽象的，但 20 世纪 70 年代中期资本主义盈利能力问题的重现，无疑说明马克思的观点比凯恩斯主义驯服经济周期的主张更有道理，更不用说正统的新古典主义关于自我均衡体系的观点了。

如果马克思诊断出的基本问题适用于整个资本主义历史，那么资本主义制度的演变也会引入新的因素。例如，在 19 世纪工业化的基础上，战后经济扩张中劳动生产率的提高，就不仅意味着生产更多的商品只需要更少的劳动力，而且还意味着销售这些商品需要更多的劳动力，包括各种广告模式的扩张。销售活动——确保商品被兑换成货币，是整个生产体系的一项费用，它由生产创造的剩余来支付，因此进一步降低了投资的利润率。虽然人们做出了各种努力——尤其是通过计算机化的手段，来限制各种销售活动所需的劳动力数量，但它们还是比生产过程更难实现自动化。对于扩大国家资助的社会服务（如教育和医疗）所需的不断增长的劳动力来说，情况也是如此。[10]

∵ 重演萧条 ∵

无论如何解释，周期性衰退这个资本主义的老问题，在20世纪70年代再次出现。但在这个时候，那些管理资本主义经济的人并没有做好准备，从而重演萧条为新的繁荣奠定基础的过程。

正如我们所看到的，另外一种选择是扩大混合经济的规模，在这种经济中，政府在福利措施、基础设施或军事物资生产上的支出，可以使资本主义衰退趋势的社会破坏性症状得以遏制。如前所述，这要求政府为这些业务所需的资金而征税或者借款，但税收减少了可用于逐利投资的利润，借款又推迟了未来税收或进一步借款的还款（和付息）时间。

从凯恩斯主义的观点来看，政府支出只是需求的扩张，或者是对未来生产的新增投资。毕竟，如果生产的目标是消费，那么即使生产的产品是由国防部支付的400万美元的巡航导弹，而不是用于工厂生产线的计算机，又有什么关系呢？GDP这样的概念，以及GDP的增长，同样忽略了营利性支出和非营利性支出之间的区别。

然而，一旦我们记住资本主义生产的目标是获得投资回报，事情就会变得有所不同。计算机制造商要以高于其制造成本的价格出售机器——这是可能的，因为代表制造计算机这一活动的计算机的价格，可以超过这一活动所使用的劳动力和材料的成本。同样，使用计算机生产卡车的企业，因为在生产和销售卡车的过程中投入了自己的资本，所以可以保留生产和销售卡车所带来的利润。但是国防工业承包商在向军队出售导弹时所获得的利润，最初是由政府从整个私营部门拿走（或借来）的。它只是被重新分配给那些受政府青睐的公司。而且，无论这种导弹在摧毁另一个国家的建筑物时多么有用，政府都赚不到钱。政府不生产资本，政府只消费资本。国家支出并不能解决盈利能力不足的问题，这完全是资本主义经济的一项支出。[11]

这就是为什么，无论持有何种经济理论，商人通常都讨厌税收，而且还担心政府借贷会带来巨额的赤字，以及政府所承诺的未来增税。不管他们理解得多么模糊，政府的支出总是代表着他们从雇佣劳动力和销售产品的过程中获得的资金的减少。

∵“覆水”难收∵

从理论上讲，在经济衰退时期用于提振经济的资金，应该在经济恢复正常增长时予以收回。但从长期来看，这样的事情并没有发生，在过去的75年里，国家消耗的能源数量一直在稳步增长。以美国历史上的一些数据为例，1929年，美国的国债为170亿美元；十年后，这个数字达到了400亿美元；二战结束一年后，即1946年，它达到了2 690亿美元的高点。在之后的30年间，这一数字一直在增长，到1976年跃升至6 200亿美元，此后稳步增长到2022年的308 240亿美元。[12]对公共债务等于或超过GDP漫不经心的态度，取代了数年以前对平衡预算必要性的坚持。在国际上，贫国向富国借款的金额也同样在不断扩大；

很明显，有的国家将永远无法偿还其债务，美国也一样。

当然，一旦开始运行，公共开支机构就会获得自己的利益，并保有扩张的趋势。[13]不仅如此，在增长不足的情况下，资本主义的持久存续，在绝大多数居民迄今为止可以接受的条件下，已经变得依赖于政府支出而无法自拔，这些政府支出的范围从铺设道路、提供教育和医疗保健，到在资本主义造成人道主义灾难的地方提供紧急食品计划，到为常规战争所做的准备，再到为控制地球资源而进行的斗争，不一而足。艾森豪威尔总统在他的告别演说中指出，美国的“军事工业复合体”已经为医疗工业、教育工业甚至监狱工业复合体所补充。在世界其他国家，从政府对能源公司的参与到挪威、新加坡和沙特阿拉伯掌管的有关经济事务的主权财富基金，国家和私营经济在许多方面都紧密地联系在一起。现在全世界至少有 40% 的经济活动是由 GDP 来衡量的，一旦中断政府支出，这个世界将陷入难以想象的深度萧条之中。例如，人们普遍认为，面对2008年的金融危机，如果不能扩大政府信贷来拯救金融体系，那么就会导致世界经济的全面崩溃。[14]

信贷时代

∵ 竞争性通货膨胀的出现 ∵

因此，我们面临着这样一种局面：国家不断增加无利可图的支出，弥补了潜在的盈利能力不足。至少只要作为其基础的政府信贷（政府债务）还能展期和扩张，这种支出就表现为市场需求超过了经济自身所能产生的需求。这反过来又支持了资本主义企业对利润不足的一种新反应，即通过维持价格或涨价而不是降价来进行竞争。毕竟，这就是政府干预市场经济的全部意义所在：在利润不足的情况下扩大对生产和劳动力的投资。因此，通货紧缩不再是应对经济增长放缓的主要手段；取而代之的是通货膨胀。1971年，刚被任命为美联储主席的阿瑟·伯恩斯（Arthur Burns）在公开市场委员会的一次会议上指出：

旧的规则不再起作用了……多年前，当商业活动减少时，价格会做出反应——但会有一定的滞后，不是上涨得更慢，而是下跌，工资也会随之上涨。一战后，这种反应逐渐减弱，最近人们发现，在失业率上升的时候，价格继续以不变的速度上涨，工资也在以越来越快的速度上涨。[15]

这种现象在20世纪70年代得到了广泛认可，它的存在与2021年的通货膨胀上升一起引发了激烈的争论。例如，1974年8月，《纽约时报》的一篇文章报道称，当“最终产品的价格在很大程度上反映了原材料的最新成本，而不是原材料的实际成本”时，美国公司盈利能力的提高反映的是“存货利润”的增加，而不是生产力的增加。在前一年，“所谓的存货利润占所报告的利润增长总额的近60%”。[16]另一个导致利润增长的因素是资本品的加速贬值，资本品是作为成本计入制成品的价格的。但是，除了会计花招和税收操纵，整个价格形成的结构也都发生了变化，其中包括对社会福利支付和劳动合同的生活成本调整等特征。

正如大卫·斯劳森（W. David Slawson）在1981年指出的那样："上一次美国农产品价格大幅下跌是在大萧条时期，当时政府还没有为农产品建立定价机构。"[17] 到2020年，政府援助提供了农业净收入的46%，大大抵消了市场所带来的压力。[18] 在农业以外的许多领域，政府补贴（市政税收减免形式的地方补贴，或对受青睐的公司或整个行业的价格支持形式的国家补贴）支持着价格的上涨，而价格的稳定则抵消了生产率的增长。

更一般地，用斯劳森的话说："不管有没有政府援助，实际上每个人都享有定价机构对价格的保护，而所定的价格构成了他的主要利润或收入来源。"[19] 尽管这种情况自大萧条以来就一直在发展，但在1973～1975年的经济衰退中表现出来的盈利能力的下降，还是给了资本主义一个猛烈的推动。用斯劳森的话来说，"竞争性通货膨胀直到1973年底才真正在美国开始”，并被“世界石油价格翻了两番，同时由于短缺而导致的食品价格急剧上涨”所点燃。

当欧佩克第一次提高石油价格时，一些美国人预测石油销售将急剧下降，欧佩克将因此分裂。但事实并非如此，相反，不仅欧佩克国家，而且所有国际石油公司都获得了巨额利润，其他行业的价格制定者很快就吸取了教训。

当然，在这一过程中，并非所有价格都在同时上涨。世界经济所依赖的石油等商品的价格，比其他商品的价格更容易上涨。尤其值得一提的是，工资的上涨速度比消费品价格的上涨速度要慢，消费品价格的上涨通过将工人阶层的收入重新分配给雇主阶层，提高了资本的整体盈利能力。然而，这种策略不能无限制地进行下去，因为工人最终会对此加以抵制，因此随着时间的推移，工资的增加会导致物价水平的普遍上涨。（从商业的角度来看，正如我们已经指出的，劳动力成本是通货膨胀问题的根源。）

∵ 从货币时代到信贷时代 ∵

价格上涨意味着货币价值的下降，如果需求水平要与价格较高的商品供应相匹配，则价格上涨就需要增加可供人们消费的货币供应。能满足这一要求的，不仅有政府债务的稳步扩张，还有私人信贷的膨胀。正如邓肯·弗利简短而清晰的解释：

给定货币的价值，货币和信贷机制面临着以该货币的价值水平为商品的买卖流动提供资金的问题。在现代资本主义经济中，这个问题主要是通过信贷的扩张和收缩来解决的。这种信贷扩张是资本主义企业私人交易中固有的，因为它们依赖私人信贷为大多数交易提供资金。对信贷市场某些部门的具体监管，如美国对商业银行施加的准备金要求，决定了通过这些部门进行的信贷交易总额的相对份额，以及银行可以为其促进的信贷服务收取的价格。[20]

除了通过政府支出的方式提供货币，还要使利率保持在低水平，这种战后思维中普遍存在的凯恩斯主义偏见，使得货币供应在几十年内一直保持在宽松的状态。但是，正如弗利所指出的那样，信贷越来越独立于央行产生的货币供应，这标志着与二战前形势相比的另一个重要变化。用莫里茨·舒拉里克和艾伦·泰勒的话来说：

> 我们的祖先生活在货币时代，在这样的时代，信贷与货币紧密相连，此时的正式分析可以用信贷作为货币的代替品。今天，我们生活在一个不同的世界，一个信贷的时代，正是金融创新和宽松的监管，打破了信贷和货币的联系，使得信贷在宏观经济中的作用范围获得了前所未有的扩大。[21]

这些作者所说的“货币”是指国家当局发行的硬币和纸币（M1），而不是银行创造的存款（M2）和他们称之为“信贷”的其他形式的贷款。

在货币时代（大约1870～1939年），货币和信贷同时增长和收缩，与GDP保持稳定的关系；在信贷时代（1945年以来），无论是商业运作所依赖的信贷还是消费信贷的迅速扩张，都远远超出了成比例的中央银行创造的货币供应。在从商品生产到进入市场，再到销售的过程中，向企业提供信贷使企业持续运作和扩张成了可能。

商业运作所依赖的信贷可以扩大，从而适应原材料价格、运输成本等的上涨。同样，即使没有显著的工资增长，消费信贷的扩张，也使生活水平的维持或提高成为可能；出于同样的原因，它还促进了消费品价格的上涨。(信用卡的使用使价格攀升变得常态化，它不仅通过延迟实际支付时间来遮蔽了价格的变化，而且还使商家将他们向信贷公司支付的费用转嫁给了客户，即使在使用现金的情况下，这些客户大多也要支付更高的价格。)使用信贷所做的购买除了促进商品价格上涨之外，还增加了成本，因为人们支付的利息实际上是价格的一部分。

以住房为例，抵押贷款利息可以使房屋成本翻倍。其中的部分资金流向的是银行，而不是房屋的卖方，但这并不能改变资金从买家流向资本所有者的事实。

特别是在美国，二战后住房拥有率大幅上升，房屋价值的上升（人们可以以此为抵押借钱进一步消费）支撑了房价的上涨。正如阿格列塔和奥尔良在1984年所观察到的那样："在现代金融体系的推动下，家庭对信贷的需求，已经成为保障生活条件的一个基本要素，现在这又成了造成通货膨胀的一个有力因素。"[22]

∵"影子货币"的环球之旅∵

除了银行创造的信用货币外，随着"影子银行"的发展，21世纪之交还见证了货币（或准货币）的进一步扩张。"影子银行"这一术语指的是所谓的非银行金融活动，这些非银行金融活动包括回购工具、对冲基金、养老基金、货币市场基金、抵押贷款操作、各种投资工具、交易所交易基金等。这些金融活动通常是高度杠杆化的，并且极大地扩大了借款人的可用资金。这些金融活动的实体有许多是从银行剥离出来的，目的是逃避目前银行所受的严格监管。特别是利用像证券化这样的工具（在证券化这类工具中，不同可靠程度的现有债务被重新包装成一个新的债务工具，根据其风险，有不同的回报率），“影子货币”的扩张极大地造成了 2008 年的金融危机（并且目前这种扩张还在欢快地进行着）。[23]

这一信贷扩张是一个全球性的故事，舒拉里克和泰勒的数据来自 14 个主要资本主义经济体。这不仅是一个经济持续扩张的故事，也是一个结构性变化的故事，因为相对于制造业和商业，金融成了一个更重要的经济部门。在这一发展过程中，信贷的扩张创造了“一个前所未有的金融风险和杠杆时代”，而不断扩张的经济也依赖于这个时代。[24] 盈利能力的下降促使企业寻求制造业以外的投资回报，信贷扩张带来的资金，开始用在追逐金融投机的短期收益上。由此出现了一系列资产泡沫，对股票、房地产、大宗商品（尤其是石油和金属）的杠杆投资，甚至连同加密货币等人为发明出来的资产，在为一些人提供了快速、巨大的收益的同时，也使另一些人遭受了巨大的损失。所有这些都需要中央银行的定期支持，例如，1986 ～ 1995

年，1/3的美国储蓄和贷款机构因为错误地在房地产上押注而倒闭，总共损失了1 600亿美元（其中1 320亿美元来自税收收入），最后都是中央银行来收拾它们留下来的烂摊子。中央银行系统随时准备扮演最后贷款人的角色，这自然加强了债权人和债务人的冒险倾向，尤其是自2008年以来：

> 银行体系对金融市场融资渠道的日益依赖也可能意味着，在危机时期，央行被迫为整个融资市场提供担保，以避免银行体系崩溃，就像2008～2009年那样。这种“职责的蔓延”源于这样一个事实，即银行业的稳定不能再仅仅依赖于存款保险的基础，最后贷款人现在不得不面对大规模（即非存款）银行的挤兑。[25]

因此，硅谷银行（美国第16大银行）在2023年初倒闭，促使联邦存款保险公司无视法律规定的25万美元上限，为其全面担保存款。这种现象的另一个方面就像1980年的墨西哥那样，硅谷银行要求整个美国为它提供贷款，以防止前面的借贷发生违约，否则就会摧毁为之提供了贷款的美国银行体系。

最近，通过信贷扩张来抵消不充分的盈利能力，又出现了一种奇怪的形式，这就是所谓的“僵尸”企业，它们的利润很低或为负，由于通过垃圾债券市场不断注入债务，所以它们维持着一种活着的假象。

根据国际清算银行（它是中央银行的银行）的数据，到 2020 年，僵尸企业已经占“美国所有上市企业的 16%，在欧洲这个数字也超过了 10%”。[26] 这类企业中最引人注目的是那些生来就是“僵尸”的企业，比如优步（Uber）和 WeWork，它们的收入增长伴随着数十亿美元的资本损失，它们之所以能保持运转，完全要归功于持续的信贷注入（来自沙特主权财富基金和软银投资基金等非银行机构）。尽管不盈利，但随着时间的推移，乘坐由持续流入的资金（以及面临下行压力的司机工资）补贴的优步，还是变得越来越昂贵了。

到 2019 年底，非金融公司的债务负担达到了历史最高水平，既证明了它们无法产生足以满足自身需求的利润，也证明了银行（和非银行机构）有能力创造避免系统性崩溃所需的资金。自 20 世纪 80 年代以来，全球金融已增长至全球商品产值的 4 倍。“在美国，在几十年来一直可以获得廉价资金的背景下，非金融企业的债务负担已从 2007 年的 3.2 万亿美元增加到 2019 年的 6.6 万亿美元，增加了一倍多。”[27] 许多企业从公众所有制转向私募股权以逃避金融监管；到 2020 年，私募股权公司的债务相当于其年收入的 600%。这些债务是对未来利润的押注，当然远远不是确定的：即使从倾向于鼓励投机投资的官方评级体系的角度来看，2019 年发行的公司债券中也有 51% 被评为 BBB，这是最低评级。25% 是垃圾债券，之所以未予评级，是因为它低于投资级。[28] 然而，就目前而言，所有这些超额的货币提供了除过去的通货紧缩性萧条之外的另一种选择，之所以如此，是因为银行信贷创造的货币和影子货币形式的货币供应进一步扩大，使得通货膨胀取代了系统性的盈利能力，尽管股票、债券、房地产和其他寻求回报的资产泡沫还会周期性地出现通货紧缩。[29]

CHAPTER 6
第六章

从大通胀到魔法货币

“在20世纪90年代末形成的预期，即我们可以依靠美联储来缓冲几乎任何类型的经济冲击”——已经被以下这样普遍的共识所取代，即“美联储（和其他央行）可能不得不采取比过去25年更加紧缩的政策”。

——塞巴斯蒂安·马拉比

THE RETURN OF INFLATION

通胀归来

∵ 回溯大通胀之源 ∵

美国20世纪70年代大通胀的基础，是政府为支付越南战争费用而扩张借贷的政策，尽管约翰逊政府在1964年坚持减税，但政府还是同时大幅增加了民政支出和转移支付。朝鲜战争时期，美国的通货膨胀在一定程度上受到了价格管制的抑制，而在越南战争期间，“尽管经济出现了明显的繁荣迹象，比如产能利用率达到了二战以来的最高水平，失业率达到了最低水平，但价格管制却得到了避免”。这又支持了1965年之后物价的大幅上涨。[1]

尽管人们普遍将大通胀的根源归结于1971年布雷顿森林体系的瓦解、货币供应的扩大以及第一次石油危机，但“20世纪70年代和80年代初的通货膨胀则远在1971年8月尼克松总统终止了美元与黄金的可兑换性之前至少5年，就已经露出了端倪。

1973～1974年，欧佩克为了应对赎罪日战争㊀（Yom Kippur War）及其实际美元收入的侵蚀，提高了油价”。[2]对发达资本主义国家作为一个整体的考察表明，这绝不是一种由政府过度赤字引发的“货币现象”，而是“一个国家相对于其他国家经历的通货膨胀或价格稳定的程度，在很大程度上取决于它相对于其他国家在一段较长时期内在世界经济中的表现”。因此，拥有经常项目盈余的国家，如日本和德国，当时的物价涨幅就相对较小。[3]

无论美联储主席保罗·沃尔克多么相信米尔顿·弗里德曼的理论，他一定明白，紧缩货币供应的尝试会提高利率，从而限制整个经济中的信贷流动，

㊀ 即第四次中东战争，又称赎罪日战争、斋月战争、十月战争，发生于1973年10月6日至10月26日。起源于埃及与叙利亚分别攻击六年前被以色列占领的西奈半岛和戈兰高地。——译者注

对就业产生下行压力，抑制工资增长，而工资的增长一直被认为是通货膨胀的主要原因。正如我们所看到的，沃尔克政策的影响实际上是毁灭性的，而且不仅仅是对国民经济具有毁灭性。的确，如果借款成本上升，企业和家庭将减少借款，这将直接影响销售，从而影响生产性产品的价格和用于支付消费品的工资。随着信贷变得越来越难获得，例如，抵押贷款成本的上升使房地产行业陷入困境，汽车贷款变得更加昂贵，平均价格将会停止上涨或趋于下跌。

沃尔克之所以能成功地取得这一结果，是因为世界经济在1980年进入了衰退，这场衰退一直持续到1983年，全球范围内的企业倒闭和失业率居高不下表明，除了美国和英国对货币主义的信仰，还有一些其他因素也在运行当中。货币改革未能带来新的繁荣，这就更加突显了这一点。正如威廉·格雷德提醒我们的那样：

从1979年开始，沃尔克就经常预测抑制通货膨胀将重振美国经济的长期投资。他说，资本形成环境的改善将带来生产率的更大提高，这是未来每个人收入份额提高的关键。在国外，美元价值的复归将会给国际金融体系带来稳定。

事实上……80 年代的经济产出扩张大约比过去 10 年的实际经济增长少了 1/3。实际可支配收入增长得更加缓慢，新就业岗位的创造也更加缓慢。生产率的增长在 70 年代就已经疲软和令人不安了，到了 80 年代，情况就更糟了。此时的失业率比以往任何时候都要高。[4]

通过提高利率，沃尔克暴露了当时资本主义经济的内在弱点。通货膨胀取代了经济衰退，缓和通货膨胀的政策使得经济衰退更加充分地显现出来。

因此，货币主义实验并没有放弃或者减少国家经济活动，而是带来了对它的重新定位。尽管罗纳德·里根坚持认为政府开支是邪恶的，但资本主义经济的持续疲软不可能真正地消除政府开支——事实上，在他的任期内，国家债务还上升到了创纪录的水平。但是，政府干预经济的方式从维持“最大化就业”和限制社会苦难，演变为直接或通过私有化手段对选定的公司进行补贴，将教育、监禁甚至战争等政府职能转移给私营企业，由它们来完成。

许多西方国家对资本主义繁荣持续衰退的反应，都是削减国家在医疗、福利、养老金、教育和失业救济方面的支出，甚至美国的军费开支也从20世纪80年代中期到世纪之交大幅下降，与此同时，减税和政府补贴还将财富越来越多地转移到一小撮商人手中。欧元区为其成员方设定了预算赤字和国家债务水平的法定上限，其理论依据是，对财政活动的严格控制将会保护欧元的价值，并维持使用欧元的国家集团的经济实力。

私有化的高潮出现在苏联解体和俄罗斯全面参与全球资本主义经济之后。这些发展伴随着国际贸易和资本限制的放松，国际银行贷款从1990年占全球GDP的27%增长到2007年的56%。“全球化”创造了新的世界经济秩序，这种秩序越来越多地建立在资金流动的基础上。

为了提高盈利能力，跨国公司将生产转移到工资相对较低的亚洲、中美洲和东欧地区。这与中国、俄罗斯、印度和其他“新兴经济体”的经济扩张一起降低了生产成本，有助于在20世纪80年代之后保持低通货膨胀水平。正如经济学家肯尼斯·罗格夫2006年在堪萨斯城联邦储备银行赞助的一次演讲中所解释的那样：

这个核心的机制通过更激烈的竞争，削弱了国内垄断企业和工会的力量。而更激烈的竞争又有助于提高价格和工资的灵活性，并减少在任何给定通货膨胀冲动下扩张性货币政策所带来的产出收益。[5]

然而，罗格夫指出，虽然在全球化的帮助下，经济指标的“大缓和”涵盖了“实际产出波动性的急剧下降”，人们预计这将会伴随着价格稳定，但它也带来了包括股票、住房和外汇的“资产价格的高度波动性”。[6]事实证明，这是有先见之明的。一方面，在罗格夫演讲一年后，美国房地产泡沫的破裂引发了2008年的大衰退，从而需要世界各个经济部门进行大规模的干预。另一方面，这种干预却并没有带来预期的消费者价格通货膨胀率的上升。

∵ 日本经济缘何失落 ∵

20世纪80年代末，当日本巨大的房地产泡沫破裂时，日本就已经经历了一场随之而来的经济衰退。看似矛盾的是，日本陷入经济困难的根本原因，可以追溯到它作为工业出口强国所取得的成功。

为了保持日元被低估，从而支持日本出口，从出口中赚取的美元（和其他货币）没有兑换成可用于在日本进行投资的日元，而是循环进入美国和其他外国经济体。尽管生产能力几乎没有增长，但日本金融当局“在20世纪80年代成功地促进了银行信贷的扩张，使之远远超过了实体经济的扩张”，促成了“历史上最大的两个资产泡沫”——即股票和房地产投资泡沫。[7] 当它们走向崩溃时，日本当局无法通过将已经很低的利率再压低至零以下来提振经济，使之走出低迷。

于是，日本央行推行了一项名为“量化宽松”（QE）的资产购买计划：购买政府债券、资产支持性证券和股票，央行在4年内向商业银行系统注入了30万亿日元。量化宽松政策对低利润、低投资的日本国内经济几乎没有产生任何影响，尤其是在企业更愿意用资金去杠杆化，而不是进一步扩张的情况下，更是如此。

1991年后，日本政府在公共工程、社会保障、地方税收拨款和偿债方面的支出就在不断增加，这虽然维持了日本GDP的增长，但其国家债务却从1991年占GDP的40%上升到2022年的将近220%。[8]尽管日本实施了大规模的宽松的货币政策和财政刺激政策，但不仅消费者价格和工资，而且资产价格都仍然很低，低增长的经济实际上已经步入了通货紧缩的领域（为凯恩斯主义和货币主义提供了另一个反证案例）。

2008年之后，特别是在美国，量化宽松帮助它避免了金融危机后的衰退和通货紧缩。与传统的赤字支出不同的是，用于量化宽松的资金不是通过税收获得的（因为这将违背其支持商业的目的），也不是从私人财富所有者那里借款得来的。

以美国为例，美联储效仿日本央行的做法，通过扩大负债（“印钞”），从私人金融机构购买国债和借入私人债务，如抵押贷款支持性债券。[9]以增加银行持有的利息准备金的形式，向金融体系注入了资金。大部分资金都留在了这些银行，这表明用于生产性投资的资金需求仍然是有限的；与前几十年一样，低利润率已经使工业投资失去了吸引力。低利率使债券收益率保持在低位，这既提高了债券价格，又将投资者推向股市，形成了国际股市的牛市。基本上，这一切都没有给企业带来任何成本，而证券价格的上涨尤其让少数超级富豪深受其益，他们持有着大把的股票和债券。同样，这对工资也几乎没有产生任何影响，工资还在继续停滞不前或趋于下降。事实上，就在同一时期，美国出现了政治经济记者安妮·劳里（Annie Lowrey）所说的“负担能力危机”（affordability crisis），“众多的家庭被房东、医院管理者、大学财务官和托儿中心榨干了血”。（此时其他“发达经济体”身上也发生着类似的故事。）在2020年正式出现新一轮通货膨胀之前，她这样写道：

> 从生活成本的角度来看经济，有助于解释为什么大衰退结束这么多年后，大约2/5的美国成年人在紧急情况下仍难以拿出400美元，为什么1/5的美国成年人无法全额支付当月的账单，为什么尽管这个国家创造了如此多的财富，但意外的火炉修理账单、停车罚单、诉讼费或医药费对许多美国家庭来说仍然是毁灭性的。有整整1/3的家庭被列为“经济脆弱”型家庭。[10]

这些地区的物价飙升限制了日常消费品价格上涨的可能性。以CPI和类似指数衡量的通货膨胀率仍然相对较低，尽管投机性资产的价格（房地产、股票、艺术品，甚至是黄金）在大幅上涨（例如，标准普尔股票价格指数在2009年至2020年间上涨了650%）。

∵ 通胀的潮落潮起 ∵

专家关注消费者价格，在2010年之后的10年里，他们一直想弄明白："为什么通货膨胀率会这么低？"毕竟，扩大货币供应本应对价格体系产生有害的影响才对。为美联储工作的经济学家指出，通货膨胀缺失是"全世界关注的问题"，因为"非常低的通货膨胀率通常与陷入通货紧缩的可能性增加有关……这种现象与疲软的经济状况密切相关"。在探讨了通货膨胀之所以没有出现的一系列解释后，他们提出了"新共享经济""人口老龄化"这样的解释。关于新共享经济，他们还举了Airbnb为旅行者提供住宿的例子。他们认为，这些是"最有可能的解释"。[11] 此外，2019年，在经济政策研究中心（Centre for Economic Policy Research）思考"欧元区通货膨胀之谜"的经济学家则认为："通货膨胀下降主要归因于……人们对长期的预期。"[12] 两年后，这些预期（如果真有的话）被证明都是错误的。当2021年通货膨胀卷土重来时，新共享经济和人口老龄化的老调子还在重弹。

21世纪的第二个十年，通货膨胀率较低的一个原因是，在新冠疫情将世界经济推到悬崖边缘之前，经济衰退已经出现。2019年第4季度，日本国内生产总值下降了6.3%，经济增长率为-1.6%，而德国（世界第四大经济体）的GDP增长降到了零。2019年，欧洲整体经济增长率仅为1.1%。美国GDP在第4季度增长停滞的情况下，2019年仅增长2.3%，是2016年以来的最低增幅。[13]

当新冠疫情暴发时，一些国家的政府不顾几十年来的警告，对医疗紧急情况毫无准备，在致命的延误后采取了限制社会流动以控制感染率的措施，使经济陷入了由此所引发的深度衰退之中。一连串的企业倒闭导致大规模失业，其规模堪比大萧条时期。随着经济活动的崩溃，股票和债券价值蒸发，养老金、储备金以及一定比例的对冲基金也荡然无存。美联储迅速采取行动支持股票价格，而不少国家将数万亿美元（和其他货币）投入转移支付和其他形式的经济刺激（其中大部分自然直接流向企业）中。即便是处在一场严重的经济危机中，也仍有一些政策专家对扩大政府支出会导致无法控制的通货膨胀表示担忧。

但其他人则以2008年后的纾困经验为例，对这种危险不屑一顾；如今，这些经济学家和政治家已经习惯了低通货膨胀，他们对其他人对政府赤字的担忧不以为意。如果说真有什么危险的话，那危险就是通货紧缩。毕竟，通货紧缩显然是一场全球经济灾难。尽管如此，尽管资金持续流入到金融体系中，反对拜登政府提出的数万亿美元“重建更好美国”法案的美国政客们，还是成功地推高了不断增长的赤字。

在经历了一年的新冠疫情后，商业界似乎认为已经受够了。无论新冠疫情影响规模扩大与否，无论疾病人数和死亡人数如何，现在都是人们重返工作岗位、企业重新赚钱的时候了。在美国，大幅增加的失业补助和每月的儿童津贴，以及给予“关键岗位工人”的“英雄工资”都得结束了。在其他地方，支持经济生活的特殊项目也被逐步取消。企业重新开业，工人开始重新受到雇用，由于刺激支出的政策和企业倒闭的现象相结合，许多人开始增加储蓄，这限制了消费机会。这造成的一个结果是，在供给相对有限和混乱的时刻，支出却在激增，为企业提供了弥补失去的一年的机会。特别是，能源价格（在政府停摆期间大幅下跌）、批发成本和运输成本的上涨转嫁给了消费者，导致通货膨胀指标显著上升。

2021 年 10 月 29 日发布的就业成本指数显示，工资和福利的增长速度高于预期（主要是在低端规模）之后，美联储不再淡化价格上涨的重要性。尽管工资增长速度和往常一样落后于商品价格上涨的速度，这也足以让人们重新担心工资 – 价格螺旋式上升，人们认为正是这种螺旋式上升导致了 20 世纪 70 年代的通货膨胀。因此，“高管们上个季度一直在警告工资和运输成本的上涨”。幸运的是，“最终，许多公司能够将价格提高到与成本增加相同，甚至更高的水平……”因此，即使在几十年来通货膨胀率最高的情况下，所报告的利润率预计也会很高，而且还在上升。[14]

无论是新闻媒体还是经济学家，大家关于通货膨胀的讨论都有一个奇怪的观点，那就是它被实体化为一种自主的力量。他们告诉我们，美联储正试图“控制住通货膨胀”；通货膨胀的力量“推高了价格”。实际上，正如我们所看到的，通货膨胀是经济决策的结果，特别是提高价格的决策带来的结果，这类决策目前往往还会涉及对供给加以限制，以防止竞争性降价。

通货膨胀过程是对社会资源控制权的争夺，正如米歇尔·阿格列塔和安德烈·奥尔良在他们关于货币问题的书的标题中，将金钱与暴力联系起来时所指出的那样。[15] 例如，他们指出，20 世纪 20 年代初德国的恶性通货膨胀源于：

> 统治阶级成功地……避免了他们的财富被国家挪用过去偿还政府债务。他们之所以能够取得这一结果，一方面是因为大量的资本输出，另一方面也是因为他们对待通货膨胀的态度，这种态度至少可以说成是一种疏忽大意。

这些因素也解释了，引入租金马克的货币改革是如何“一而再地”结束通货膨胀的：当社会民主党失去对政府的控制时，“（占统治地位的）社会阶层达成了一项共识，即结束货币创造的投机条件”。[16]

的确，企业今天做出的定价决策是为了应对一种事态——盈利能力的下降，这当然也是他们无意之中的。此外，一定要避免另一场大萧条的想法，现在早已经融入了政策的思维当中。但是，考虑到这些条件，提高价格就只是一种竞争策略，是在可能的替代方案中被挑选出来的。尽管经济学家感到困惑，但这次价格上涨的动力并不难看出来。令人不太容易理解的，是物价上涨（即使是官方口径）的原因与普遍认可的补救措施（央行提高利率）之间的关系。

保罗·沃尔克的幽灵

∵ 抑制通胀之路 ∵

对于2022年前后的经济表现，官方的说法是，这场通货膨胀是由政府刺激下的需求与受供应链和俄乌冲突冲击的供给之间的不平衡造成。这场通货膨胀对经济造成了损害，对工薪阶层的工资造成了挤压，工薪阶层经常是央行行长温柔照顾的对象。(这种照顾，可能在 2021 年《华盛顿邮报》的一篇关于美联储主席对华盛顿特区无家可归者的关注的报道中达到了顶峰："住在那些帐篷里的人不知道，他们新起的村庄让美联储主席杰罗姆 · H. 鲍威尔整个晚上都睡不着觉，他们也不知道鲍威尔在开车向南两个街区去他办公室的路上一直在想着他们。"[17])

美联储和其他央行必须通过减缓经济扩张、削弱销售、增加企业倒闭数量和引发失业率上升（毫无疑问还有无家可归者）来抵消通货膨胀。因为人们（无论是工人还是商人）的钱将会减少，整个社会对商品的需求将会萎缩；随着需求与供给更加紧密地联系在一起，价格将会下跌。这个显而易见的矛盾，通常是这样解决的：工人阶级目前的阵痛，将在未来带来稳定的经济表现，并提供更多和更好的工作。

这并不是一个新的故事：杰罗姆 · 鲍威尔称保

罗·沃尔克为“他那个时代最伟大的经济公仆”，鲍威尔以自己的实际行动追随着自己的精神偶像。[18]就像50年前把通货膨胀归咎于工会力量和政府开支一样，今天的商人和经济学家在工人自卫的微弱刺激中，发现了未来通货膨胀失控的威胁，而半个世纪以来工人自卫对工资的无情攻击并未取得过多大的进展。

鲍威尔在2022年5月的一次新闻发布会上说：“这是一个我们根本无法承受的风险。”他曾称劳动力市场的“过热是不可持续的”“我们不能允许工资－价格螺旋式上升。”[19]

为什么不能通过增加供给而不是减少需求来解决问题呢？供给的增加不是免费的。例如，要增加石油供应，就必须钻探油井，重开炼油厂，雇佣工人。所有这些都需要花钱，而这些钱必须用扩大的未来回报来证明是合理的。因此，根据2022年4月27日《纽约时报》的一篇文章：“石油产量没有增加的最大原因是，美国能源公司和华尔街投资者不确定油价是否会长期保持在高位，使他们能够从钻探大量新油井中获利。”沙特对增加石油供应也不感兴趣，毫无疑问也是出于同样的原因。结果，石油产量下降到了如此之低，以至于相当多的美国炼油厂都关门了。得克萨斯州的埃克森美孚公司在 2022 年 12 月宣布，其重点是“将油价上涨带来的收益回馈给投资者，而不是将利润用于新油井的钻探”。[20]

类似的情况也适用于其他由少数大公司控制的商品，如肉类、禽蛋、餐饮和许多其他价格不断上涨的商品，正是这些商品，一直在困扰着消费者。《纽约时报》在 2022 年 11 月指出：

尽管食品公司最易反映快速通货膨胀是如何从生产者转移到消费者身上的，但这一趋势在各行各业都很明显。银行、航空公司、酒店、消费品公司和其他公司的高管纷纷表示，他们发现消费者有钱消费，也能忍受更高的价格。[21]

租金的上涨通常被归咎于住房的存量有限，但更重要的是，风险投资公司为了从上涨的租金中快速获利，在国际上大量购买住房。这无疑是比建造低收入住房更好的资金用途。总的来说，如果企业可以通过扩大生产来赚更多的钱，那么他们早就这么做了，而不是把现金存放在离岸银行和非银行机构，作为股息分发给投资者，或者投资于像购买全球房产这样的投机活动。与此同时，2019 年以来，由新冠疫情造成其在经济衰退期间现金流受到影响的公司，就是这样在赚钱。我们每个人都想结束通货膨胀，但没有人想通过生产更多、收费更低来削减利润。

经过调查发现，对于为什么必须削减需求而不是扩大供给的官方解释，是建立在与报纸报道的事件相去甚远的经济理论之上的。20 世纪 70 年代，一些经济学家为了弄清楚失业和通货膨胀并存的情况，提出了非加速通货膨胀失业率的概念，这一概念反映了通货膨胀不增加时的失业水平。[22] 它是米尔顿 · 弗里德曼"自然失业率"概念的衍生物（尽管它的发明者强烈反对弗里德曼关于通货膨胀主要是一种货币现象的主张 [23]），现在指导着美联储制定货币政策。战后的充分就业目标早已被抛弃。作为新古典主义理论的产物，非加速通货膨胀失业率不能被直接观察到，只能从失业率上升时工资和价格的变动中推断出来——如果借以推断的理论是正确的话。

2019年，美联储主席鲍威尔承认："自2012年以来，失业率下降对通货膨胀的影响小到了令人惊讶的地步，这促使我们估计自然失业率呈现稳步下降的趋势。"[24]然而，他在一次国会听证会上却作证说："我们需要一个自然失业率的概念"来"对失业率是高、是低，还是刚刚好做出判断。"[25]

事实上，并没有什么证据表明非加速通货膨胀失业率这样的数字是存在的；由于通货膨胀和失业之间的关系被认为是随时间变化的，所以，即使是它的支持者，也没有直接的经验对之加以检验。尽管如此，非加速通货膨胀失业率的概念背后，是希望美联储在对抗通货膨胀的同时能够实现"软着陆"——也就是说，将利率提高到刚好能阻止通货膨胀而不会引发

“严重”衰退的程度，使失业率“恰到好处”。

然而，2022年关于通货膨胀问题的最引人入胜（也是最有影响力）的讨论，没有使用“自然失业率”的概念。事实上，经济理论在国际清算银行的《2022年年度经济报告》中几乎没有任何作用，在“全球经济毫无喘息的时刻”，由于受到新冠疫情和俄乌冲突的冲击，国际清算银行致力于“促进全球货币和金融稳定”。[26]

∵ 如何调节经济的引擎 ∵

虽然这让人想起了20世纪70年代，但当下的这种情况却是前所未有的，它将高通货膨胀与创纪录的（企业、个人和政府）债务水平以及高资产价格结合在一起。国际清算银行的分析表明，根本问题在于全球经济的低增长。最终，要想恢复国际清算银行所认为的因通货膨胀而放缓的经济增长，则需要“重新点燃有利于增长的支出，特别是投资和供给侧的改革”。[27] 然而，与此同时，理解通货膨胀的机制是至关重要的，正如国际清算银行这篇报告的作者所说的那样，要

“深入观察”，了解如何调节经济的引擎。

在本质上，这篇报告区分了以相对价格变化为表现形式的低水平通货膨胀和所谓的“通货膨胀本身”，后者是由于这些相对变化相互影响和一起变动而产生的。虽然“最近通货膨胀压力的增大表明，许多公司的定价权比新冠疫情之前要更大”，但从“低水平”到“持续”通货膨胀的转变，“最终牵涉到的是价格和工资增长之间的自我强化反馈”。这篇报告断言，价格上涨“如果没有价格和工资之间的反馈，就不可能自我维持”，因为“利润率和实际工资不可能无限期地下降”，尽管这篇报告并没有探讨价格要比工资高出多少，工薪阶层的生活才会变得无法忍受，但“一旦工资－价格螺旋式上升，就会形成一种不容易打破的惯性”，除非使用货币政策来施加高失业率。

因此，央行面临的一个关键挑战是首先要避免从低通货膨胀向高通货膨胀过渡，从而将通货膨胀扼杀在萌芽状态。换句话说，在没有任何增加投资和扩大供给的短期前景的情况下，甚至在没有显著的实际工资增长的情况下，通过诱导衰退的方式限制需求，“迅速做出的货币政策反应是具有额外价值的”，特别是因为“我们可能正在达到一个临界点”。根据国际清算银行的说法，这其中存在着一种危险，即“随着现有工资合同的到期，工人们可能会寻求更大幅度的工资上涨”。在有些国家，工人们已经获得了工资指数化条款，以便防范未来的意外通货膨胀。如果工资上涨，倘若还要保持盈利能力，那么价格也必定会上涨。就像杰罗姆·鲍威尔一样，国际清算银行也担心未来可能出现工资 - 价格螺旋式上升。

的确，工人阶级的生活水平下降了。随着资产价格的上涨，近几十年来收入和财富的极端不平等已经开始在世界各地引起一些反应，其表现形式是小规模的工会化尝试，规模越来越大的罢工运动，甚至是面对低于维持生计的工资的恶劣工作条件，数量惊人的工人从劳动力市场撤出。

国际清算银行是否感觉到，在经济增长低迷或停滞、经济冲突（因而政治冲突）不断加剧的背景下，雇主们对雇员的优势可能会受到影响呢？无论如何，他们不认为通货膨胀是一个重要的货币问题，也不认为它是一个需要通过政策选择来处理的问题，这些政策选择要求他们要仔细调整理论上确定的自然利率和失业率，以便恢复市场经济的基本供需平衡。这是使用定价权来维持利润水平的企业和工人之间的斗争的表现，拜几十年的新自由主义所赐，工人们处于结构性和创新上的劣势，他们现在刚刚开始对资本主义将失败转嫁到他们头上有所反应。竞争性通货膨胀代表了一场社会产品将流向谁手中的斗争，但在没有爆发大规模投资的情况下，除了降低实际工资，它无法增加可算作利润的产品数量。

货币与暴力

∵ 魔法货币的狂欢 ∵

与此同时，用塞巴斯蒂安·马拉比的话说，魔法货币的快乐假设——“在20世纪90年代末形成的预期，即我们可以依靠美联储来缓冲几乎任何类型的经济冲击”，已经被以下这样普遍的共识所取代，即“美联储（和其他央行）可能不得不采取比过去25年更加紧缩的政策”。[28]尽管关于国家债务的外部限制和银行（和非银行）信贷工具扩张的任何理论共识都已经消失不见，但经济学家和政府官员仍然怀疑，我们是否能毫无问题地无限期发放资金。尽管经济理论是不现实的，特别是关于货币的本质，但这种怀疑基于这样一个事实：政策制定者的大部分努力所指向的金融体系是经济体的一部分。这个经济体必须继续生产物质商品和服务并实现生产所带来的利润（即将生产的产品转化为货币）。

尽管在周期性崩盘中蒸发的股票和债券价值可以由中央银行予以补充，但如果没有稳定的商品和服务生产，资本主义社会就无法维持下去，这些商品和服务要能通过出售获得利润，然后再投资于能够产生更多价值和利润的工厂、设备和劳动力。也就是说，“实物交换经济”和货币是一个体系中不可分割的两个方面。金融工具代表对未来利润的索取权；为了满足这些索取权，资本主义社会必须生产商品，并且把它们销售出去。例如，如果资本家赚不到足够的钱来支付工人的房租或房屋抵押贷款，那么抵押贷款债券和房地产风险投资就无法盈利。房价最终会崩溃，就像 2008 年美国那样，投资于房地产的资金也会消失无踪。

每一个繁荣时期都涉及信贷扩张到一个水平，在这个水平上，信贷的扩张超过了偿还信贷的能力。尤其，如马克思所说，如果盈利能力有下降趋势的话，结果更是如此。这就是为什么经济周期的低迷会表现为银行和股票市场的崩溃，以及突然出现的滞销商品和失业工人。战后政府赤字支出和私人信贷货币创造的扩张，在周期性模式上又叠加了相对永久的影响，从而使资本主义本身变成了一种庞氏骗局。这一点既体现在战后不可阻挡的债务增长中，也体现在其间不时出现的货币、银行和证券危机中。

为了简单地说明这一点，今天，无论谁在某个时候被宣布为“世界上最富有的人”，他的财富在很大程度上都表现为金融财富，主要是由股价决定的。这些股价在很大程度上独立于发行它们的企业的潜在价值——生产率，反映的是投资者对企业未来的盈利水平的猜测，以及许多不太理性的因素（因此，马克思赞成19世纪的一位英国银行家的看法，将其称为“虚拟资本”）。正是金融资产重整（经济历史学家罗伯特·布伦纳巧妙地把它称为“资产泡沫凯恩斯主义”）和世界上大部分人口的贫困趋势的结合，使得尽管经济放缓，（无论是真实的还是虚拟的）财富集中在越来越少的人手中还是成为可能。但是，如果法国知名奢侈品集团路易威登的伯纳德·阿尔诺（Bernard Arnault）试图把他拥有的2 110亿美元（他的账面上是有这笔钱的）兑换成现金，那么他所持有的公司股票价值就会大幅缩水。这些企业家的财富，就像世界上最有价值的领先科技公司的资本化一样，都是信贷时代的产物（现如今这已经被大大扩展成为“魔法货币”），而不再是资本主义上升时期的货币时代的产物。

∵ 魔法货币的尽头 ∵

然而，如果魔法货币真的有一天会走到尽头，我们必须要问的问题是：它所帮助推迟的清算什么时候才会到期？答案是，几十年来这种清算一直都处在到期的状态，我们也在为之不断付出代价。当反复出现的泡沫有朝一日破裂时，我们可以这样说，个人和机构账户中蒸发的数千、数百万甚至数十亿美元，只是不断累积的无法偿还的债务的首付。

2022 年加密货币交易所 FTX 的崩溃就是一个引人注目的例子；更明显的例子，是过度杠杆化的阿达尼集团的资本崩溃事件，该集团在 2023 年初的 5 天内就损失了 1 100 亿美元（在此过程中，当时“世界第三大富豪”高塔姆·阿达尼的个人财富减少了一半，降至 610 亿美元）。而且，全球靠薪水过活的工人的工作和生活条件的不断恶化，尽管不是与特定金融事件直接相关的，但也是那无法偿还债务的首付的一部分。它们的表现无处不在，比如不见了的 2022 年斯里兰卡购买燃料或食物所需的资金、黎巴嫩金融机构的空心化、英国工人阶级越来越无力支付冬天的取暖费用、索马里和阿富汗开始出现的大规模饥荒，以及美国不断上升的贫困水平。

如果对社会动荡的恐惧催生了另一波“魔法货币”潮的话，那么，即使在上一轮融资中产生的一些资金被烧掉了，即将到来的经济衰退，或者说经济停滞也只是加速了这一趋势。政府新投入的数万亿美元将会作为紧缩政策的配套措施，而不是作为替代方案而存在。

2023 年硅谷银行出现储户挤兑时，美国政府以担保所有存款的方式对此做出了回应。毫无疑问，这在一定程度上要归功于那些储户的呼吁，这些储户可都是科技行业的核心人物，其中有 1 000 人与美国财政部负责金融市场的助理部长约书亚·弗罗斯特（Joshua Frost）进行了网上会面，他们体现了美国经济的活力。此后不久，瑞士银行监管机构迫使濒临倒闭的瑞士信贷和瑞银合并，债券持有人被减记 170 亿美元（尽管股东保留了部分资金），但瑞士国家银行提供了 1 000

亿瑞士法郎的流动性支持。在瑞典兴业银行的案例中，该行的麻烦可以直接归因于美联储为对抗通货膨胀而提高利率，瑞典兴业银行通过避免储户损失抵消了美联储为提高利率所做的努力。

在对这一形势的清楚的总结中，鲁奇尔·夏尔马这样说道：

塑造宽松货币时代的，不仅仅是低利率，还有一种日益习惯性的国家本能反射……这种习惯性思维就是，即使在经济复苏时期，也要将经济从令人失望的增长中拯救出来；在危机时期，不仅要拯救银行和其他公司，还要拯救家庭、工业、金融市场和外国政府。

最近的银行挤兑表明，宽松货币时代并未结束。通货膨胀已经卷土重来，因此各国央行都在收紧货币政策，但救助经济的反射效应仍在增强。资本主义发展得越强大，其活力就越弱……政府干预减轻了危机的痛苦，但随着时间的推移会降低生产率、生活水平和减缓经济增长。[29]

与此同时，美联储与其他中央银行一起继续提高利率以对抗通货膨胀。终结魔法货币时代的意愿，与不愿接受其对商业经济的影响同时并存。

∵ 昂贵的胡萝卜与软弱的大棒 ∵

在最富裕的国家和最贫穷的国家，饥饿、无家可归、被迫移徙和大规模卫生危机的迅速增加提醒我们，暴力不只是早期的棍棒和子弹，还有其他形式。但是，在经济力量较弱的国家，如尼日利亚、伊朗、索马里、智利、埃及、秘鲁和斯里兰卡，大规模的起义还是遭到了军事镇压，这些事件向我们表明，暴力并没有成为历史。亚历克西斯·莫雷蒂斯（Alexis Moraitis）追踪了战后法国从繁荣到紧缩的轨迹，他这样写道：

在法国，和其他许多国家一样，军事政变的威胁、日益增长的不安全感和不断增加的国家暴力，这些都是法国根深蒂固的经济衰退的后果。法国经济的增长速度不如过去，因此无法保证所有人的经济安全和福利。随着价值生产的逐渐消失，围绕现有资源进行分配的斗争变得更加激烈，这威胁着社会稳定。经济停滞创造了一个有利于猎杀女巫的环境，法国在移民群体、宗教少数群体或年轻的暴徒中寻找着其衰败的根源。[30]

在二战后的30年里，由于法国参与了世界经济的总体扩张，工资增长被公司价格上涨所弥补，这种通货膨胀螺旋是可以容忍的。然而，1980年后，“战后时期的通货膨胀妥协方案破裂了，法国精英们为了遏制国内的通货膨胀趋势，抑制收入增长而选择了欧洲货币一体化”。其结果是，保障社会和平的愿望遇到了支付能力下降的问题：

在经济停滞加剧的背景下，国家精英们发现，管理社会不满的现有工具正在迅速过时，他们不顾社会阻力，被迫设计出追求经济改革的替代方案。由于社会支出的胡萝卜已经变得过于昂贵，而欧洲预算规则的大棒也已经被证明过于软弱，所以，对社会抵抗的粗暴镇压似乎成了绝望的改革者的选择，因为他们无法为他们那令人感到痛苦的政策而求得民众的认同。[31]

2023年初，马克龙政府决定“改革”养老金制度，将领取全额养老金的年龄限制从62岁提高到64岁，从而引发了全国性的罢工和抗议，这证明了我们这里所做的基本分析的正确性。这一决定遭到了民意的压倒性反对。政府以越来越暴力的警察行动来应对抗议活动。

20世纪70年代，林登·约翰逊总统提出的“向贫困宣战”（War on Poverty）让位给了把他们投入大牢的政府政策，这些政府政策意在解决大批民众日益失业的问题，美国是使用警察和监禁来代替福利国家政策的先驱。[32]50年后，警察杀害乔治·弗洛伊德（George Floyd）和其他许多人所引发的全国性骚乱（在国际上引起了共鸣），更是暴露了这一解决方案的局限性。这一策略及其局限性体现在当今世界各地，国家暴力遭遇了日益增长的社会不满和各种各样的社会政治反应，从新法西斯主义的煽动到废除警察的呼声，不一而足。

∵ 悬而未决的“认命时代”∵

历史学家史蒂夫·弗雷泽专门写了一本书《认命时代》(*The Age of Acquiescence*)，探讨了美国反资本主义阶级斗争的活跃传统是如何让位于接受现有社会制度，并将其作为获得幸福生活唯一现实的选择的。[33] 在这一点上，他对战后理解激进意识衰落做出了重要的贡献，因为这是基于历史所做出的认识，这方面的著作还包括赫伯特·马尔库塞（Herbert Marcuse）的《单向度的人》（*One-Dimensional Man*, 1964）和盖伊·德波（Guy Debord）的《景观社会》(*Society of the Spectacle*, 1967）。

弗雷泽令人信服地指出，新政是一个转折点，尽管力度还不是那么大，但当时联邦政府却做出了真正的努力，以应对大萧条给美国工人阶级带来的贫困。虽然弗雷泽关注的是美国，但正如我们所看到的，这是一个全球性的故事：认命时代恰逢信贷时代，也是通货膨胀时代，这一时代试图通过动员政府赤字支出、货币政策和私人货币创造来抵消资本主义动态，这种动态给以工资为生的大多数人带来了周期性的社会困难。

无论经济理论化的模式如何变化，这一时代的基础始终是，在实践中认识到货币在16世纪以来形成的生产和分配体系中不可或缺的地位，在这种体系中工人和资本主义雇主之间的关系，服从于货币利润的生产。尽管新古典主义将该体系描述为由财产所有者之间的一系列交换构成，但对于资本－工资劳动关系双方来说，大家一直都很清楚，该体系的福利依赖于货币利润和货币工资之间的关系，这使得资本投资的持续增长成为可能。

尽管凯恩斯主义更接近现实，但它试图将这种增长解释为一种“国民收入”的增长，这种增长可以通过国家对货币的适当使用来调节，从而作为普遍利益的代表平衡投资和消费，这也歪曲了资本主义的实际性质。在这种社会组织模式中，企业生产的目标实际上不是“增长”，即扩大消费品的创造规模，而是以货币形式对社会资源的控制的竞争性积累，即资本的积累。由于这个体系无法建立理论所规定的正常状态的均衡，所以，政府试图使用基于税收、支出和借贷的货币手段来实现这一目标。但正如我们所看到的，政府支出导致的不是资本的积累，而是债务的积累，盈利能力的持续下降带来了投资水平的持续下降，对利润的追逐为生产者的工作和生活施加了更大的压力。

作为资本主义机制的一个组成部分，货币本身既不是资本主义弊病的根源，也不是解决资本主义弊病的办法。政策制定者却一直执迷于央行或财政政策对经济的管理，而不是正视社会体系的实际动态。我们切记，货币交换作为一种核心的社会制度，其主要功能是，阻止生产者获得他们所生产的产品，除非他们为了把生产性企业所有者变得更富有而付出多一日、一周、一月的辛勤工作。100多年来，对大多数人来说，接受这种命运，而不是面对挑战这种状况带来的困难和致命危险，似乎是一种更好的选择。

毕竟，建立一个新的社会秩序，既需要从那些现在拥有社会权力的人手中夺走社会权力，又需要构建一种不再基于商品的货币价值的新方法来规范经济生活。当资本主义发展的内在局限把平衡从基于信用的社会管理转向暴力时，人们是否会继续选择认命，这是一个悬而未决的问题。对货币利润的无节制的追求支配着资本所有者和他们的雇员，加速了其生态效应的扩张，这很可能是使一个以货币为核心奥秘的社会走向终结的另一个因素。虽然现在还难以想象，但这种社会秩序已经有一个历史的开端，它最终走向终结，也当然可以想见。

ACKNOWLEDGEMENTS 致谢

Martha Campbell, Duncan Foley, Jamie Merchant, Jason E. Smith 和 Jose Tapia 阅读了本书的早期草稿，并给出了有益的建议。Pavlos Roufos 在我开始写作本书时，曾给我列出了一张宝贵的推荐读物清单。Katy Siegel 一如既往是本书极富批判性的讨论者，她的建议为本书增色极多。

REFERENCE

参考文献

∵ 导言　写给身陷货币之网的我们 ∵

1 Rachel Siegel, "Where's the Economy Headed? To Quote the Fed Chief, 'Hard to Say'," *Washington Post*, November 5, 2022.

2 Paul Mattick, *Social Knowledge: An Essay on the Nature and Limits of Social Science*, 2nd edn (London, 2021).

3 *The Telegraph*, November 5, 2008.

4 *The Guardian*, July 26, 2009.

5 Matt Phillips, "We Have Crossed the Line Debt Hawks Warned Us About for Decades," *New York Times*, August 21, 2020.

6 Jim Tankersley, "How Washington Learned to Embrace the Budget Deficit," *New York Times*, May 16, 2020.

7 J. H. Tankersley, "Federal Borrowing Amid Pandemic Puts U.S. Debt on Path to Exceed World War II," *New York Times*, September 2, 2020.

8 V. Golle, O. Rockeman, and R. Pickert, "Why Economists Got it Wrong on U.S. Inflation," *LA Times*, November 11, 2021.

9 J. Smialek, "Powell Says Fed is Ready to Raise Rates if Needed," *New York Times*, January 12, 2022, p. B3.

10 J. B. Rudd, "Why Do We Think that Inflation Expectations Matter for Inflation? (And Should We?)," Finance and Education Discussion Series 2021-062 (Washington, DC: Board of Governors of the Federal Reserve System, 2021).

11 R. J. Schiller, "Why Do People Dislike Inflation?" NBER Working Paper 5539 (Cambridge, 1996).

∵ 第一章　货币、商品和价格 ∵

1 F. Braudel, *Civilization and Capitalism, 15th-18th Century*, vol. III: *The Perspective of the World*, trans. Sian Reynolds (New York, 1984), p. 75.

2 Ibid., p. 221.

3 Ibid., p. 386.

4 Ibid., p. 356.

5 K. Marx, *Capital*, vol. I (Harmondsworth, 1977), p. 223.

6 有关古代中国纸币与通货膨胀历史的简要论述请参阅：Peter Bernholz, *Monetary Regimes and Inflation: History, Economic and Political Relationships*, 2nd edn (Cheltenham, 2015), pp. 60-69.

7 G. Ingham, *The Nature of Money* (London, 2004), p. 127.

8 在这一点上，他们是在效仿约翰·劳，这位苏格兰赌徒和牌手在1716年说服了摄政王菲利普·德·奥尔卡姆斯，这位摄政王自己也是一位著名的赌徒。约翰·劳使摄政王相信，他可以满足法国王室长期以来对现金的需求。于是，法国通过了一项皇家法令，授权劳建立一家银行，资金为600万里弗。这家银行以可兑换成金属货币的票据形式发放贷款——这些贷款主要是发放给政府的。这家银行提供的信贷扩张带来了经济繁荣。当摄政王要求更多的贷款时，约翰·劳通过出售一家公司（该公司承诺开采路易斯安那州可能存在的金矿）以及其他企业的股票筹集资金。股价大涨；这笔资金通过皇家政府流向个人手中，这些人购买了劳的密西西比公司的更多股份。由于路易斯安那州的所谓黄金并不存在，所以该计划只有在不断有新资金流入时才能发挥作用。1720年，大型投资者将纸币兑换成黄金，导致银行挤兑，约翰·劳开设的这家银行最终彻底崩溃。

9 R. Skidelsky, *Money and Government: The Past and Future of Economics* (New Haven, CT, 2018), pp. 394-5.

10 J. K. Galbraith, *Money: Whence It Came, Where It Went* (Princeton, NJ, 2017), p. 69.

11 Bruce G. Carruthers and Sarah Babb, “The Color of Money

and the Nature of Value: Greenbacks and Gold in Postbellum America," *American Journal of Sociology*, CI/6 (1996), p. 1575.

12 C. Bresciani-Turroni, *The Economics of Inflation: A Study of Currency Depreciation in Post-War Germany, 1914-1923*, trans. Millicent E. W. Savers (New York, 1937), p. 286.

13 *Gold and the Currency: Specie Better than Small Bills* (Boston, MA, 1855), cit. Michael F. Bryan, "On the Origin and Evolution of the Word *Inflation*," Federal Reserve Bank of Cleveland, October 15, 1997.

14 请参阅下书中的数据：David H. Fischer, *The Great Wave: Price Revolutions and the Rhythm of History* (Oxford, 1996), pp. 156ff.

15 如今，许多权威人士并不认为这是一场萧条；因此，斯基德尔斯基将其描述为“不是现代意义上的萧条，而是一种挥之不去的通货紧缩病，不时伴有兴奋大爆发的特征”（*Money and Government*，第 51 页）。大卫 · A. 威尔斯在其引人入胜的著作《近期经济变化及其对财富的生产、分配和社会福祉的影响》（纽约，1890 年）中对经济上的困难、失业和大规模贫困的简要描述，无疑表明了长期萧条这种观点是从哪里来的。

16 Christopher Anstey, "Larry Summers Warns of a Dreaded Economic 'Doom Loop'," *Fortune*, November 21, 2022.

∵ 第二章　通胀时代 ∵

1 这些数字来自下文："Europe's Golden Age, 1950-1973," *Economic History Review*, LI/2 (1998), p. 252. 正如已经指出的那样，对这些数字我们应该保持高度的怀疑。

2 C. Maier, "Inflation and Stagnation as Politics and History," in *The Politics of Inflation and Economic Stagnation*, ed. Leon N. Lindberg and C. Maier (Washington, DC, 1985), pp. 3-34.

3 因此，安格斯·麦迪森在其所著的《20 世纪的世界经济》(巴黎，1989 年）一书中断言，"全球通货膨胀的一个主要原因是布雷顿森林体系的崩溃，该体系提供了一个以美元为基础的固定汇率国际货币体系"(第 86 页)。

4 在美国，它甚至被认为体现了"一个伟大国家的道德品质，是其文明进步的光辉典范"(Elliot C. Cowdin, *Historical Sketch of Currency and Finance: An Address Delivered Before the Citizens of Cincinnati, Ohio in Robinson's Opera House, June 12, 1876* [Cincinnati, OH, 1976], p. 52)。

5 Ben Bernanke and Harold James, "The Gold Standard, Deflation, and Financial Crisis in the Great Depression," in *Financial Markets and Financial Crisis*, ed. R. Glenn Hubbard (Chicago, IL, 1991), p. 41.

6 R. O. Keohane, "The International Politics of Inflation," in *The Politics of Inflation*, ed. Lindberg and Maier, p. 83.

7 Herbert Stein, *The Fiscal Revolution in America* (Chicago, IL, 1969), p. 89

8 Adam Tooze, *The Wages of Destruction: The Making and Breaking of the Nazi Economy* (New York, 2006), p. 47.

9 Stein, *Fiscal Revolution*, p. 170.

10 Ibid., p. 172.

11 更有预见力的讨论，请参阅：Paul Mattick, "The Keynesian International," *Contemporary Issues*, II/8 (1951), pp. 299-311.

12 Robert M. Collins, *The Business Response to Keynes, 1929-1964* (New York, 1981), pp. 81-2.

13 M. Salvati, "The Italian Inflation," in *The Politics of Inflation*, ed. Lindberg and Maier, p. 515.

14 Cit. Stein, *Fiscal Revolution*, p. 184.

15 U.S. Congress, Joint Committee on the economic report, *Federal Tax Policy for Economic Growth and Stability*, 84th Cong., 1st sess., 1955, p. 233, cit. Stein, *Fiscal Revolution*, p. 363.

16 Rudolf Klein, "Public Expenditure in an Inflationary World," in *The Politics of Inflation*, ed. Lindberg and Maier, p. 205.

17 Franklin D. Roosevelt, *The Public Papers and Addresses of*

Franklin D. Roosevelt, vol. III (New York, 1938), p. 47, cit. Stein, *Fiscal Revolution*, p. 42. 这差不多就是今天美联储发行的美元。

18 Stein, *Fiscal Revolution*, pp. 180, 394.

19 Ibid., p. 344.

20 Maddison, *The World Economy in the 20th Century*, p. 85.

21 F. Braudel, *Civilization and Capitalism, 15th-18th Century*, vol. III: *The Perspective of the World*, trans. Sian Reynolds (New York, 1984), p. 618.

22 数据请参阅：P. Mattick, *Business as Usual: The Economic Crisis and the Failure of Capitalism* (London, 2011), p. 57.

23 "Transcript of Reagan Address Reporting on the State of the Nation's Economy," *New York Times*, February 6, 1981, cit. David R. Cameron, "Does Government Cause Inflation? Taxes, Spending, and Deficits," in *The Politics of Inflation*, ed. Lindberg and Maier, p. 224.

24 G. W. Domhoff, *The Myth of Liberal Ascendancy* (London, 2013), p. 157.

25 W. Carl Biven, *Jimmy Carter's Economy: Policy in an Age of Limits* (Chapel Hill, NC, 2002), p. 242, cit. Domhoff, *Myth of Liberal Ascendancy*, p. 230.

26 Robert Brenner, "What is Good for Goldman Sachs Is Good for

America: The Origins of the Present Crisis" (UCLA: Center for Social Theory and Comparative History, 2009; https: // escholarship. org/uc/item/0sg0782h), p. 6.

27 Mattick, *Business as Usual*, p. 74.

∵ 第三章　理论与政策 ∵

1 Cit. David H. Fischer, *The Great Wave: Price Revolutions and the Rhythm of History* (Oxford, 1996), p. 84.

2 Hume, "Of Money," *Essays and Treatises on Several Subjects* (Edinburgh, 1758), vol. I, p. 164.

3 D. Ricardo, *Reply to Mr Bosanquet's Observations on the Report of the Bullion Committee* (London, 1811), p. 91.

4 Ibid., pp. 93, 94.

5 G. von Haberler, *Prosperity and Depression* (Geneva, 1937), p. 167.

6 有关数学物理学对新古典主义贡献的详细描述，请参阅：Philip Mirowski, *More Heat Than Light: Economics as Social Physics, Physics as Nature's Economics* (Cambridge, 1989)。托马斯 · M. 汉弗莱（Thomas M. Humphrey）发现，使货币数量论在 19 世纪和 20 世纪之交的经济学中占据主导地位的"最重要贡献因素"，是"新古典经济学家对货币数量论的严格数学重述……它大大增加了这一理论的知识吸引力和科学声望”（“The Quantity Theory of Money: Its Historical Evolution and Role in Policy Debates,” Federal Reserve Bank of Richmond *Economic Review* (May-June 1974), pp. 12-13)。

7 J. A. Schumpeter, *History of Economic Analysis* (London, 1954), p. 1088.

8 I. Fisher, “Our Unstable Dollar and the So-Called Business Cycle,” *Journal of the American Statistical Association*, XX (1925), pp. 191, 201, cit. W. C. Mitchell, *Business Cycles: The Problem and Its Setting* (New York, 1927), p. 129.

9 Ben Bernanke and Harold James, “The Gold Standard, Deflation, and Financial Crisis in the Great Depression,” in *Financial Markets and Financial Crisis*, ed. R. Glenn Hubbard (Chicago, IL, 1991), p. 41.

10 C. Romer, “What Ended the Great Depression?,” *Journal of Economic History*, LII/4 (1992), p. 757.

11 Henryk Grossmann, “Marx, Classical Economics, and the Problem of Dynamics,” trans. P. Mattick, *International Journal of Political Economy*, XXXVI/2 (2007), p. 43.

12 K. Wicksell, *Vorlesungen über Nationalökonomie auf Grundlage des Marginalprinzips* (Jena, 1920), vol. II, pp. 241-2; R. G.

Hawtrey, *Wärung und Kredit* (Jena, 1926), p. 124; both cit. Grossmann, "Marx, Classical Economics, and the Problem of Dynamics," p. 43.

13 J. M. Keynes, *The General Theory of Employment Interest and Money* (New York, 1936), p. 9.

14 读者若要深入探讨新政期间美国政府经济行为的发展与凯恩斯主义理论之间的关系，请参阅：Herbert Stein, *The Fiscal Revolution in America* (Chicago, IL, 1969), ch. 7.

15 Keynes, *General Theory*, p. 27.

16 Ibid., p. 293.

17 "在任何时期内，如果对任何一种给定类型资本增加投资，则这类资本的边际效率将会随着投资的增加而减少。第一种因素在于，当这种类型的资本增加时，其未来收益将会下降；第二种因素则在于，一般而言，生产这种类型的资本造成的压力，会导致其供给价格提高。短期内，在形成均衡状态上，第二种因素通常会更加重要；但时间一长，第一种因素就更加重要了。"这是因为"一项资本品由于它在其寿命期间能提供服务而得到的收益总和，之所以大于它的原有的供给价格，唯一的原因在于它是稀缺的……"（Keynes, *General Theory*, pp. 136, 213）。

18 Keynes, *General Theory*, p. 30.

19 Ibid., p. 104.

20 M. Campbell, "Marx and Keynes on Money," *International Journal of Political Economy*, XXVII/3 (1997), p. 79.

21 Keynes, *General Theory*, pp. 321, 219.

22 Ibid., pp. 381, 374.

23 Ibid., p. 309.

24 Paul Mattick, *Marx and Keynes* (Boston, MA, 1969), p. 21. 这项工作仍然是马克思主义对凯恩斯主义理论的基本批判，它连同同一作者的《经济、政治和通货膨胀时代》(*Economics, Politics and the Age of Inflation*)(伦敦，1978 年)，为本书提供了大部分信息。

25 R. Skidelsky, *Money and Government: The Past and Future of Economics* (New Haven, CT, 2018), p. 130.

26 Stein, *Fiscal Revolution*, p. 163.

27 Ibid., p. 167.

28 虽然数学化的新古典经济学在大萧条的十年里就已经取得了学术上的突破，但到了二战后，它才在专业学术期刊上占据主导地位，请参阅：P. Mirowski, "The When, the How and the Why of Mathematical Expression in the History of Economic Analysis," *Journal of Economic Perspectives*, V/1 (1991), p, 151 and *passim*.

29 Stein, *Fiscal Revolution*, pp. 464-5.

30 A. W. Phillips, "The Relationship Between Unemployment and the Rate of Change of Money Wages in the United Kingdom, 1861-1957," *Economica*, 25 (1958), pp. 283-99.

31 Skidelsky, *Money and Government*, p. 137.

32 正如托马斯・梅耶尔 (Thomas Mayer) 在评论货币主义者对菲利普斯曲线的阐释时所解释的那样："如果失业和通货膨胀之间只存在非常短期的权衡，那么这种干预就不会带来什么好处。"请参阅：T. Mayer, ed., *The Structure of Monetarism* (New York, 1978), p. 36。

33 M. Friedman, "Japan and Inflation," *Newsweek*, September 4, 1978, p. 75.

34 Harry G. Johnson, "Comment on Mayer on Monetarism," in *The Structure of Monetarism*, ed. Mayer, p. 131.

35 M. Friedman and Anna Jacobsen Schwartz, *A Monetary History of the United States, 1867-1960* (Princeton, NJ, 1963), p. 300.

36 Johnson, "Comment on Mayer on Monetarism," p. 131。用弗里德曼的话来说："美国过去的经济稳定记录……为以下观点提供了大量支持性证据：如果货币结构是稳定的，那么我们的私营企业经济就能充分适应其他变化，从而在短期和长期内带来高度的经济稳定性……（我们需要的）是防止货币变化成为一种不稳定的力量……并赋予货币当局保持货币存量每月以正常和稳定的速度增长的任务。" "Monetary Theory and Policy," statement before the Joint Economic Committee, 86th Congress, 1st Session, May 25-8, 1959, in *Inflation: Selected Readings*, ed. R. J. Ball and P. Doyle (Harmondsworth, 1969), pp. 144-5.

37 M. Friedman, "The Demand for Money: Some Theoretical and Empirical Results," *Journal of Economic Policy*, LXVII/4 (1959), p. 351.

38 M. Friedman, "The Role of Monetary Policy," *American Economic Review*, LVIII/1 (1968), p. 12.

39 G. Ingham, *The Nature of Money* (London, 2004), p. 30.

40 William Greider, *Secrets of the Temple: How the Federal Reserve Runs the Country* (New York, 1989) pp. 454-5.

41 用英国经济学家尼古拉斯·卡尔多（Nicholas Kaldor）生动的语言来说："'货币主义'在20世纪70年代的伟大复兴，在这个10年之际达到了高潮……一些西方政府采用了严格的货币主义信条所开出的经济处方，我相信，这将成为历史上最离奇的事件之一，只有中世纪周期性爆发的大规模狂躁情绪症（比如猎巫）才能与之媲美。"请参阅："How Monetarism Failed," *Challenge*, xxviii/2 (1985), p. 4.

42 一位当代的专家有代表性地、慎重地总结道："从历史上看，增加货币供应对通货膨胀的影响是不确定的，尽管价格的上涨通常低于……货币存量的增加比例，除非当铸造的货币被换成耐用品时，严重的贬值造成了真正的'对铸币的逃离'。"请参阅：John Munro, review of *American Treasure and the Price Revolution in Spain, 1501-1650.*

43 David A. Wells's fascinating *Recent Economic Changes and Their Effect on the Production and Distribution of Wealth and the Well-Being of Society* (New York, 1890), p. 205.

44 请参阅：W. C. Mitchell, "The Quantity Theory of the Value of Money," *Journal of Political Economy*, iv/2 (1896), pp. 139-65。米切尔从理论上和经验上考察了这一理论，他得出这样的结论："从任何一个角度来看，这一理论似乎都是有缺陷的（第165页）"。米切尔在他关于美元的博士论文中又回到了这个话题，之后的一生中，他一直致力于研究经济周期的过程；有关在19世纪和20世纪之交关于货币数量论的争论背景下他的工作，请参阅：Abraham Hirsch, " Wesley Clair Mitchell, J. Lawrence Laughlin, and the Quantity Theory of Money," *Journal of Political Economy*, lxxv/6 (1967), pp. 822-43.

45 Karl Marx and Frederick Engels, *Collected Works*, vol. XXIX: *A Contribution to the Critique of Political Economy* (London, 1987), p. 395.

46 Ibid., p. 400.

47 Ibid., pp. 404-5. 对于马克思在其建立自己的货币理论的过程里否证货币数量论所扮演的光彩四溢的角色的讨论，请参阅：M. Campbell, "Marx's Explanation of Money's Functions: Overturning the Quantity Theory," in *Marx's Theory of Money: Modern Appraisals*, ed. F. Moseley (London, 2005), pp. 143-59.

48 Marx, *A Contribution to the Critique of Political Economy*, p. 415.

49 K. Marx, *Capital*, vol. i (Harmondsworth, 1976), p. 220. 例如，李嘉图的追随者詹姆斯·穆勒正是用这些术语来阐述货币数量论的。现代货币数量论者通过援引一种机制来回避这种批评，这种机制通常是货币供应增加导致商品过度需求的某种形式，从而将货币供应增加与通货膨胀联系起来。

50 Ibid., p. 237. 请参阅：W. C. Mitchell, *Business Cycles: The Problem and Its Setting* (Washington, DC, 1927), pp. 130ff.

51 O. Morgenstern, *On the Accuracy of Economic Observations*, 2nd edn (Princeton, NJ, 1963), p. 96.

52 有关讨论请参阅：Mitchell, *Business Cycles*, pp. 128ff.

53 Friedman, "The Role of Monetary Policy," p. 8.

54 W. David Slawson, *The New Inflation: The Collapse of Free Markets* (Princeton, NJ, 1981), p. 163.

55 Friedman and Schwartz, *Monetary History*, p. 300.

56 David R. Cameron, “Does Government Cause Inflation?,” in *The Politics of Inflation*, ed. Lindberg and Maier, p. 278.

57 M. Friedman, “ Quantity Theory of Money, ” in *The New Palgrave: A Dictionary of Economics*, ed. John Eatwell et al. (London, 1987), vol. Iv。温特劳布 (S. Weintraub) 有一个更残酷的回应：“如果失业是通货膨胀问题的答案，那么凯恩斯主义作为一种社会哲学就已经死亡了，实际上是被凯恩斯主义者自己给埋葬了，奇怪的是，所有这些思想都顶着一个他们的导师的名义。”请参阅：“The Keynesian Theory of Inflation: The Two Faces of Janus?,” *International Economic Review*, 1 (1960), pp. 143-55; reprinted in *Inflation*, ed. Ball and Doyle, p. 72.

58 Ingham, *The Nature of Money*, p. 31.

59 Loretta J. Mester, “The Role of Inflation Expectations in Monetary Policymaking: A Practitioner’s Perspective,” European Central Bank Forum on Central Banking: Challenges for Central Bank Policy in a Rapidly Changing World (Sintra, Portugal, June 29, 2022).

60 按照这一学说的创始人乔治 · F. 克纳普的说法就是：“作为法律守护者，国家可以宣布，能够作为支付手段的财产应该是内在于某些印有国家印章的纸和金属之中，而不是蕴藏在这些材料之中。”请参阅：*The State Theory of Money*, trans. H. M. Lucas

and J. Bonar (London, 1924), p. 39。熊彼特对之所做的简短评论充分而明确："（克纳普的）理论只是一个关于货币的'本质'的理论，他把货币看作合法有效的支付手段。从这个意义上讲，他既正确也错误，就好比在说婚姻制度是法律的产物一样。"请参阅：*History of Economic Analysis*, p. 1090.

61 Stephanie Kelton, *The Deficit Myth: Modern Monetary Theory and the Birth of the People's Economy* (New York, 2021), pp. 43, 47.

∵ 第四章　现代货币 ∵

1 请参阅研究：Maurice Flamant and Jeanne Singer-Kérel, *Modern Economic Crises and Recessions* (New York, 1970).

2 用米切尔的话来说，尽管早期的社会生活形式并非"没有危机，或者并非没有好时代和坏时代的交替出现……除非大部分人的生活方式是获得和支出货币收入，使用信贷手段，在雇主相对较少而雇员较多的商业企业中组织起来，为广阔的市场生产相当规模的商品，否则所发生的经济波动就不具有商业周期的特征"。请参阅：W. C. Mitchell, *Business Cycles: The Problem and Its Setting* (New York, 1927), p. 75; pp. 75-82.

3 Mitchell, *Business Cycles*, pp. 62, 63, 86.

4 Ibid., p. 64.

5 这种假设在经济理论中随处可见，例如，在"资本"一词的使用中，或者在托马斯·皮凯蒂（Thomas Piketty）对从古罗马到现在的资本盈利能力的计算中，资本既指生产过程中使用的工具，也指资本主义用于购买这些工具的货币。卡尔·波兰尼（Karl Polanyi）认为，“经济”“嵌入”于早期的社会生活模式中，只在资本主义中作为一个明显不同的社会子系统出现。

6 当今企业之间的以物易物交易——是通过计算交换商品的货币价值来管理的，根据国际互惠贸易协会的数据，2010 年美国大约有 45 万笔这样的交易；以太坊平台上加密货币的以物易物交易也是基于类似的计算。

7 正因为如此，试图将货币价格解释为商品主观估价函数的新古典经济学，不得不假设“一价定律”（law of one price），以使“效用”具有可比性。请参阅：Philip Mirowski, *More Heat Than Light: Economics as Social Physics, Physics as Nature's Economics* (Cambridge, 1989), pp. 236-8.

8 正如他在《资本论》第一卷的一个脚注中所说：但是，它从来没有意识到，各种劳动的纯粹量的差别是以它们的质的统一或等同为前提的，因而是以它们化为抽象人类劳动为前提的。K. Marx, *Capital*, vol. i (Harmondsworth, 1976), p. 173 n. 33。有一个类似的问题也出现在新古典主义试图从个人“效用”或偏好中推导出以货币计价的价值过程中：用英厄姆的话来说就是，如何“从无数的主观偏好中产生一个主体间的价值尺度（记账货币)”？请参阅：G. Ingham, *The Nature of Money* (London, 2004), p. 25.

9 “Labour,” in Raymond Williams, *Keywords: A Vocabulary of Culture and Society*, revd edn (New York, 1985), pp. 177-9.

10 Ingham, *The Nature of Money*, p. 6.

11 K. Marx, “Original Text,” in K. Marx and F. Engels, *Collected Works*, vol. XXIX (London, 1987), p. 431.

12 F. Braudel, *The Structures of Everyday Life* (New York, 1981), ch. 7; *The Wheels of Commerce* (New York, 1982), ch. 1.

13 卡尔·马克思在1857年为《纽约论坛报》报道了这些事件：“罗伯特·皮尔爵士……打算用他的银行法来实现纸币流通自动起作用的原则，根据这条原则，纸币流通额的增减将完全遵循纯粹金属货币流通的规律；这样，按照他及其拥护者的说法，今后就永远不会有金融危机了。”请参阅：“The Bank Act of 1844 and the Monetary Crisis in England,” in K. Marx and F. Engels, *Collected Works*, vol. xv (London, 1986), p. 379。马克思在《资本论》第三卷的手稿中回顾了这些材料，作为他对信用制度研究的一部分，他强调了对货币数量论和李嘉图货币概念实践上的反证；请参阅：K. Marx, *Capital*, vol. iii (Harmondsworth, 1993), pp. 680ff.

14 当英国政府在1925年恢复黄金可兑换性时：“英国的价格过

高，给兰开夏郡的纺织品出口商和与进口竞争的化学公司造成了竞争困难。英镑的高估抑制了外国对英国商品的需求，加剧了英国的失业状况。它榨干了英格兰银行的黄金，迫使其以抑制经济为代价提高利率。”请参阅：B. Eichengreen, *Globalizing Capital: A History of the International Monetary System* (Princeton, nj, 1996), p. 59.

15 请参阅：ibid., Ch. 4.

16 然而，在 2020 年新冠疫情引发的危机中，美联储被迫大量购买美国国债，以支撑物价水平和实现国际流动性。

17 这可以用占世界 GDP 的份额来模糊地加以衡量。

18 用《马克思与凯恩斯》一书的作者在该书（第 173 页）中的话来简要地表述就是：“货币交易的背后是作为商品形式物质实体的商业公司的资本价值……”

19 正如我们将在下一章看到的那样，当代金融体系的基本信贷工具——“影子货币”的生产进一步扩大了货币供应量。

20 Marx, *Capital*, vol. I, p. 181.

21 19 世纪末著名的经济学家卡尔·门格尔正是以这种方式解释了货币的起源，请参阅：“On the Origin of Money,” *Economic Journal*, ii/6 (1892), pp. 239-55.

22 Marx, *Capital*, vol. III, p. 707.

23 D. Foley, “Marx’s Theory of Money in Historical Perspective,” in

Marx's Theory of Money: Modern Appraisals, ed. Fred Moseley (London, 2005), p. 48.

24 关于用货币来表示生产活动的更深入的讨论，请参阅：ch. 5 of P. Mattick, *Theory as Critique: Essays on 'Capital'* (Chicago, il, 2019).

25 O. Morgenstern, *On the Accuracy of Economic Observations*, 2nd edn (Princeton, NJ, 1963), pp. 183, 193.

26 Bureau of Labor Act, U.S. Statutes at Large 23 (1885), p. 60, cit. Darren Rippy, "The First Hundred Years of the Consumer Price Index: A Methodological and Political History," U.S. Bureau of Labor Statistics *Monthly Labor Review*, April 2014.

27 Ibid., p. 27.

28 Ibid., p. 66.

29 Ibid., p. 119.

30 Morgenstern, *On the Accuracy of Economic Observations,* p. 190.

31 J. A. Schumpeter, *History of Economic Analysis* (London, 1954), p. 759.

32 Federal Reserve Bank of Minneapolis, "Consumer Price Index, 1800-," www.minneapolisfed.org.

33 Helen MacFarlane and Paul Mortimer-Lee, "Inflation over 300 Years," Bank of England *Quarterly Bulletin* (1994 Q2), p. 157.

∵ 第五章　价格与利润 ∵

1 R. Paxton, *The Anatomy of Fascism* (New York, 2004), p. 137.

2 B. Eichengreen, *Globalizing Capital: A History of the International Monetary System* (Princeton, nj, 1996), p. 95. 事实上，根据艾肯格林的说法，19 世纪晚期金本位制的成功依赖的是民族国家与国内政治的隔离，由于缺乏“普遍的男性选举权以及工会主义和议会工党的兴起”，后来“货币和财政政策的制定开始趋于政治化”，从而导致工资水平下降（第 4 页）。在金融危机的时刻，中央银行需要作为“最后贷款人”进行干预，这也与金本位制度核心的外汇稳定是不相容的（见第 36-37 页）。

3 W. C. Mitchell, *Business Cycles: The Problem and Its Setting* (New York, 1927), pp. 106, 107.

4 这一常识性结论得到了统计数据的支持，请参阅：Jose A. Tapia, “Profits Encourage Investment, Investment Dampens Profits, Government Spending Does Not Prime the Pump: A dag Investigation of Business-Cycle Dynamics,” May 2015.

5 Daniel M. Hausman, *Capital, Profits, and Prices: An Essay in the Philosophy of Economics* (New York, 1981), p. 191.

6 因此熊彼特接受一般均衡理论作为资本主义经济的抽象描述

（*Über die mathematische Methode der theortischen Ökonomie. Zeitschrift fr Volkswirtschaft, Sozialpolitik and Verwaltung*［维也纳，1906］)，他提出了一个单独的理论来解释系统的周期性动态过程，该理论以企业家的创造性破坏的品格为框架，认为是他们反复启动"创造性破坏"的非均衡过程［*Theorie der wirtschaftlichen Entwicklung*（柏林，1911 年)］。

7 有关经济周期理论史的一个简要介绍，请参阅：ch. 2 of P. Mattick, *Business as Usual: The Economic Crisis and the Failure of Capitalism* (London, 2011).

8 请参阅：Mitchell, *Business Cycles*, p. 173。应该说，米切尔不拥戴任何理论的态度是基于对这一学科的深入了解而做出的，正如下面这个文集中收录的他的讲义所证明的那样，请参阅：W. C. Mitchell, *Types of Economic Theory, From Mercantilism to Institutionalism*, ed. Joseph Dorfman, 2 vols (New York, 1969).

9 这是对一个复杂论点的极端简化。若要阅读对其中一些复杂问题的讨论，请参阅：P. Mattick, *Theory as Critique: Essays on 'Capital'* (Chicago, il, 2019), ch. 10.

10 有关这些主题的讨论，请参阅：Jason E. Smith, *Smart Machines and Service Work: Automation in a Age of Stagnation* (London, 2020), Ch. 5 and *passim*.

11 有关这一观点更为详细的文献，请参阅：Paul Mattick, *Marx and Keynes* (Boston, ma, 1969).

12 美国国债占GDP的比例从1976年的33%上升到2022年的120%。请参阅：Federal Reserve Bank of St Louis, “Federal Debt: Total Public Debt as Percent of Gross Domestic Product”.

13 Rudolf Klein, “Public Expenditure in an Inflationary World,” in *The Politics of Inflation and Economic Stagnation*, ed. Leon N. Lindberg and C. Maier (Washington, DC, 1985), pp. 196-223.

14 若想阅读有关这一观点的书籍，请参阅：A. Tooze, *Crashed: How a Decade of Financial Crises Changed the World* (New York, 2018).

15 FOMC *Minutes*, June 8, 1971, p. 50, cit. Christina D. Romer and David H. Romer, “The Evolution of Economic Understanding and Postwar Stabilization Policy,” NBER Working Paper 9274 (October 2002), p. 26. The absence of the Great Depression from Burns’s two-sentence history is striking.

16 Don. R. Conlan, “Gauging the True Growth of Profitability,” *New York Times*, August 4, 1974.

17 W. David Slawson, *The New Inflation: The Collapse of Free Markets* (Princeton, NJ, 1981), pp. 96-7.

18 “U.S. Farm Income Outlook: December 2020 Forecast,” Congressional

Research Service, February 9, 2021.

19 请参阅：Slawson, *The New Inflation*, p. 104。加拿大工会官员兼作家查尔斯·莱文森（Charles Levinson）在1971年这样写道："当营业额下降时，不是像教科书所建议的那样通过降价来提振销售和恢复收入，而是通过在较低的销量上上调价格来弥补收入的损失。"这是可行的，因为大多数消费品的价格普遍缺乏弹性，而且整个工业普遍实行价格管制制度。在美国有80%的消费者价格是由公开或隐蔽的协议管理的。在欧洲，更是没有人会把价格竞争的神话当真。"请参阅：*Capital, Inflation, and the Multinationals* (New York, 1971), p. 214.

20 D. K. Foley, "On Marx's Theory of Money," *Social Concept*, I/12 (1983), p. 18.

21 请参阅：M. Schularick and A. Taylor, "Credit Booms Gone Bust: Monetary Policy, Leverage Cycles, and Financial Crises, 1870-2008," *American Economic Review*, cii/2 (2012), p. 1058。我们已经注意到，货币主义者试图通过监管美联储的货币创造来控制对企业可用资金的供应，但这一尝试最终还是失败了。

22 M. Aglietta and A. Orléan, *La violence de la monnaie* (Paris, 1984), p. 252.

23 若要看一项分析性的复杂研究，请参阅：Daniela Gabor and Jacob Vestergaard, "Towards a Theory of Shadow Money," Institute

for New Economic Thinking working paper, April 2016。“回购”——回购协议，指的是用短期（例如，隔夜）有价证券（如政府债券）换取现金，并承诺在特定日期回购。到 2022 年，美国每天的回购市场交易量达到了 2 万亿至 4 万亿美元。2008 年雷曼兄弟破产是金融危机演变的一个转折点，其导火索就是该银行无法获得回购融资。

24 请参阅：Schularick and Taylor, “Credit Booms Gone Bust,” p. 1031；“杠杆”是指利用债务进行投资，以扩大手中实际的资金规模。

25 Ibid., p. 1038.

26 Ruchir Sharma, “This Is How the Coronavirus Will Destroy the Economy,” *New York Times*, March 16, 2020, www.nytimes.com.

27 Joseph Baines and Sandy Brian Hager, “COVID-19 and the Coming Corporate Debt Catastrophe,” SBHager. com, March 13, 2020.

28 请参阅：OECD, “Corporate Bond Debt Continues to Pile Up,” February 18, 2020, www.oecd.org. 自那以后，债务水平只增不减。

29 在这里，我借用了迈克尔·德·弗洛依的一篇非常清晰且发人深思的文章中的“超额货币”一词，请参阅：“Inflation: A Non-Monetarist Monetary Interpretation,” *Cambridge Journal of Economics*, viii/4 (1984), pp. 381-99.

∵ 第六章 从大通胀到魔法货币 ∵

1 David R. Cameron, "Does Government Cause Inflation? Taxes, Spending, and Deficits," in *The Politics of Inflation and Economic Stagnation*, ed. Leon N. Lindberg and C. Maier (Washington, DC, 1985), p. 264.

2 Ibid., p. 266.

3 Ibid., pp. 267-9.

4 William Greider, *Secrets of the Temple: How the Federal Reserve Runs the Country* (New York, 1989), p. 710.

5 K. Rogoff, "Impact of Globalization on Monetary Policy," in *The New Economic Geography: Effects and Policy Implications* (Kansas City, MO, 2007), p. 269.

6 Ibid., p. 274.

7 Akio Mikuni and R. Taggart Murphy, *Japan's Policy Trap: Dollars, Deflation, and the Crisis of Japanese Finance* (Washington, DC, 2002), p. 33.

8 "Central government debt, total (% of GDP) for Japan".

9 这不是像20世纪20年代的德国那样，用印钱来偿还政府债务，而是在用钱扩大政府债务。

10 请参阅：A. Lowrey, "The Great Affordability Crisis Breaking

America," *The Atlantic*, February 2020. 金融脆弱性的概念和估计来自乔治·华盛顿大学的一项研究，该研究得到了美国国家金融教育基金会（National Endowment for Financial Education）的资助；请参阅："Financial Fragility in the U.S.: Evidence and Implications," 2018.

11 Juan M. Sanchez and Hee Sung Kim, "Why Is Inflation So Low?," Federal Reserve Bank of St. Louis *Regional Economist*, February 2, 2018.

12 Thomas Hasenzagi, Filippo Pellegrino, Lucrezia Reichlin, and Giovanni Ricco, "The Inflation Puzzle in the Euro Area—It's the Trend Not the Cycle!" VOX. CEPR Policy Portal, October 16, 2019.

13 请参阅：Phillip Inman, "Japan's Economy Heading for Recession, and Germany Wobbles," *The Guardian*, February 17, 2020; "U.S. Economic Growth Flat in Final Three Months of 2019," *CBS News* update, January 30, 2020. 像往常一样，我们对这些数据应该有所保留，但尽管如此，它们还是表明了趋势。

14 S. Gandel, "What to Expect as Corporate Giants Report Earnings for Fourth Quarter," *New York Times*, January 14, 2022, p. B5.

15 M. Aglietta and A. Orléan, *La violence de la monnaie* (Paris, 1984).

16 Ibid., pp. 190-91, 220. 这些作者强调货币数量论无法解释这一事件，他们观察到，“这一经验公然与当前通货膨胀情况的传统模式相矛盾：那就是货币总量减少，需求减少，而贸易平衡却得到了改善。结果恰恰相反……”(第 218 页)。

17 Rachel Siegel, “Two Blocks from the Federal Reserve, a Growing Encampment of the Homeless Grips the Economy’s Most Powerful Person,” *Washington Post*, April 17, 2021.

18 “鲍威尔本月在国会作证时说：‘我认识保罗·沃尔克。我认为他是这个时代最伟大的公仆之一，是这个时代最伟大的经济公仆。’” 请参阅：*New York Times*, March 14, 2022.

19 Ben Casselman, “Making Sense of an Economy Running Hot,” *New York Times*, June 3, 2022.

20 Justin Jacobs, “ExxonMobil Swells Buybacks to $50bn Despite Rebuke over War-Fuelled Profits,” *Financial Times*, December 9, 2022.

21 Isabella Simonetti and Julie Cresswell, “Rocketing Prices of Food Elevate Company Profits,” *New York Times*, November 2, 2022, p. 1.

22 1975 年，佛朗哥·莫迪利亚尼和卢卡斯·帕帕季莫斯发明了“非加速通货膨胀失业率”一词。请参阅：F. Modigliani and L. Papademos, “ Targets for Monetary Policy in the Coming Year, ” *Brookings Papers on Economic Activity*, 1 (Washington, dc, 1975),

pp. 141-65.

23 事实上，莫迪利亚尼和帕帕季莫斯坚持认为，“在探索货币增长和通货膨胀之间的直接关系时，我们发现，那种最简单的关系失效了。通货膨胀的逐年加速（或减速）与货币增长的加速（或减速），并没有什么正相关关系。这两个变量更多地是朝相反的方向移动，而不是朝相同的方向移动，1953 ～ 1971 年，它们之间的相关性几乎为零。即使在考虑到物价相对于货币有一年的滞后之后，这一结果也仍然几乎不会有什么改变，相关系数仍然只有 0.08，这 21 年中有 9 年的观察结果是朝着‘错误’的方向发展的”(同上，第 160 页)。

24 J. Powell, “Challenges for Monetary Policy,” speech at a symposium sponsored by the Federal Reserve Bank of Kansas City, Jackson Hole, Wyoming, August 23, 2019.

25 Cit. Stephanie Kelton, *The Deficit Myth: Modern Monetary Theory and the Birth of the People's Economy* (New York, 2021), pp. 52-3.

26 Bank for International Settlements, *Annual Economic Report*, June 2022, www.bis.org, p. 28; subsequent page references are in parentheses in the text.

27 正如这个观点反复暗示的，更准确地说，低增长是通货膨胀的原因。

28 Sebastian Mallaby, "The End of Magic Money: Inflation and the Future of Economic Stimulus," *Foreign Affairs*, July 11, 2022, www.foreignaffairs.com.

29 R. Sharma, "The Unstoppable Rise of Government Bailouts," *Financial Times*, March 27, 2023.

30 A. Moraitis, "Waking Up from Anesthesia: Decline and Violence in France," *Brooklyn Rail,* April 2022.

31 Ibid.

32 See the discussion in Jarrod Shanahan and Zhandarka Kurti, *States of Incarceration: Rebellion, Reform, and America's Punishment System* (London, 2022), pp. 88ff.

33 S. Fraser, *The Age of Acquiescence: The Life and Death of American Resistance to Organized Wealth and Power* (New York, 2016).

马特·里德利系列丛书

创新的起源：一部科学技术进步史

ISBN：978-7-111-68436-7

揭开科技创新的重重面纱，开拓自主创新时代的科技史读本

基因组：生命之书 23 章

ISBN：978-7-111-67420-7

基因组解锁生命科学的全新世界，一篇关于人类与生命的故事，华大 CEO 尹烨翻译，钟南山院士等 8 名院士推荐

先天后天：基因、经验及什么使我们成为人（珍藏版）

ISBN：978-7-111-68370-9

人类天赋因何而生，后天教育能改变人生与人性，解读基因、环境与人类行为的故事

美德的起源：人类本能与协作的进化（珍藏版）

ISBN：978-7-111-67996-0

自私的基因如何演化出利他的社会性，一部从动物性到社会性的复杂演化史，道金斯认可的《自私的基因》续作

理性乐观派：一部人类经济进步史（典藏版）

ISBN：978-7-111-69446-5

全球思想家正在阅读，为什么一切都会变好？

自下而上（珍藏版）

ISBN：978-7-111-69595-0

自然界没有顶层设计，一切源于野蛮生长，道德、政府、科技、经济也在遵循同样的演讲逻辑